रहीम

रहीम

सम्पादित

फाल्गुनी राठौर

JPD
JAWAHAR PUBLISHERS & DISTRIBUTORS

First published in India in 2017 by
JAWAHAR PUBLISHERS & DISTRIBUTORS, Delhi

ISBN: 978-93-86535-12-2

JAWAHAR PUBLISHERS & DISTRIBUTORS
46, Samachar Apartment, Mayur Vihar-I,New Delhi 110091
Email: jawaharpdd@gmail.com Mobile: 9654054681

Printed and Bound in
Delhi

₹ 650/-

अनुक्रम

भूमिका

रहीम का जन्म 17 दिसम्बर 1556 को लाहौर में हुआ। रहीम के पिता का नाम बैरम खान तथा माता का नाम सुल्ताना बेगम था। बैरम खाँ मुगल बादशाह अकबर के संरक्षक थे। रहीम जब पैदा हुए तो बैरम खाँ की आयु 60 वर्ष हो चुकी थी। कहा जाता है कि रहीम का नामकरण अकबर ने ही किया था। रहीम को वीरता, राजनीति, राज्य–संचालन, दानशीलता तथा काव्य जैसे अदभुत गुण अपने माता–पिता से विरासत में मिले थे। बचपन से ही रहीम साहित्य प्रेमी और बुद्धिमान थे। सन 1562 में बैरम खान की मृत्यु के बाद अकबर ने रहीम की बुद्धिमता को परखते हुए उनकी शिक्षा–दीक्षा का पूर्ण प्रबंध अपने जिम्मे ले लिया। अकबर रहीम से इतना प्रभावित हुए कि शहजादो को प्रदान की जाने वाली उपाधि षमिर्जा खान॰ से रहीम को सम्बोधित करने लगे।

मुल्ला मुहम्मद अमीन रहीम के शिक्षक थे। इन्होने रहीम को तुर्की, अरबी व फारसी भाषा की शिक्षा व ज्ञान दिया। इन्होनें ही रहीम को छंद रचना, कविता, गणित, तर्कशास्त्र तथा फारसी व्याकरण का ज्ञान भी करवाया। इसके बदाऊनी रहीम के संस्कृत के शिक्षक थे। इस पुस्तक में रहीम के जीवन परिचय और उनकी रचनाओं का वर्णन विस्तार से किया गया है। इस पुस्तक की भाषा सरल और सुबोध है।

1
जीवन परिचय

रहीम अथवा अब्दुर्रहीम खानाखाना अथवा अब्दुर्रहीम खाँ (जन्म– 17 दिसम्बर, 1556 मृत्यु–1627) हिन्दी के प्रसिद्ध कवि थे। अकबर के दरबार में इनका महत्त्वपूर्ण स्थान था। रहीम अकबर के नवरत्नों में से एक थे। गुजरात के युद्ध में शौर्य प्रदर्शन के कारण अकबर ने इन्हें (घनखानाश् की उपाधि दी थी। रहीम अरबी, तुर्की, फारसी, संस्कृत और हिन्दी के अच्छे ज्ञाता थे। इन्हें ज्योतिष का भी ज्ञान था। रहीम की ग्यारह रचनाएं प्रसिद्ध हैं। इनके काव्य में मुख्य रूप से शृंगार, नीति और भक्ति के भाव मिलते हैं। 70 वर्ष की उम्र में 1626 ई. में रहीम का देहांत हो गया।

जीवन परिचय

अब्दुर्रहीम खघँ, घन–घना मध्ययुगीन दरबारी संस्कृति के प्रतिनिधि कवि थे। अकबरी दरबार के हिन्दी कवियों में इनका

महत्त्वपूर्ण स्थान है। ये स्वयं भी कवियों के आश्रयदाता थे। केशव, आसकरन, मण्डन, नरहरि और गंग जैसे कवियों ने इनकी प्रशंसा की है। ये अकबर के अभिभावक बैरम खाँ के पुत्र थे। अब्दुल रहीम घन–घना का जन्म 17 दिसम्बर, 1556 ई. (माघ, कृष्ण पक्ष, गुरुवार) को सम्राट अकबर के प्रसिद्ध अभिभावक बैरम खाँ (60 वर्ष) के यहाँ लाहौर में हुआ था। उस समय रहीम के पिता बैरम खाँ पानीपत के दूसरे युद्ध में हेमू को हराकर बाबर के साम्राज्य की पुनर्स्थापना कर रहे थे। बैरम खाँ, अमीर अली शूकर बेग के वंश में से थे। जबकि उनकी माँ सुलताना बेगम मेवाती जमाल खाँ की दूसरी पत्नी थीं। कविता करना बैरम खाँ के वंश की खघनदानी परम्परा थी। बाबर की सेना में भर्ती होकर रहीम के पिता बैरम खाँ अपनी स्वामी भक्ति और वीरता से हुमायूँ के विश्वासपात्र बन गए थे।

हुमायूँ की मृत्यु के बाद बैरम खाँ ने 14 साल के शहजादे अकबर को राजगद्दी पर बैठा दिया और खुद उसका संरक्षक बनकर मुगल साम्राज्य को स्थापित किया था। लेकिन वर्दी घन–घना के प्राणदण्ड, दरबारियों की ईर्ष्या, अकबर की माता हमीदा बानो और धाय माहम अनगा की दुरभि सन्धि एवं बाबर की बेटी गुलरुख बेगम की लड़की सईदा बेगम से शादी तथा अमीरों के सामने अकबर के रूप में उपस्थित होने के विकल्प ने बैरम खाँ को सन् 1560 में अकबर के पूर्ण राज्य ग्रहण करने से धीरे–धीरे विद्रोही बना दिया था।

पिता बैरम खाँ की हत्या

आखरिकार हारकर अकबर के कहने पर बैरम खाँ हज के लिए चल पड़े। वह गुजरात में पाटन के प्रसिद्ध सहस्रलिंग तालाब में नौका विहार या नहाकर जैसे ही निकले, तभी उनके

एक पुराने विरोधी – अफगान सरदार मुबारक खाँ ने धोखे से उनकी पीठ में छुरा भोंककर उनका वध कर डाला। कुछ भिखारी लाश उठाकर फकीर हुसामुद्दीन के मकबरे में ले गए और वहीं पर बैरम खाँ को दफना दिया गया। मआसरे रहीमीश् ग्रंथ में मृत्यु का कारण शेरशाह के पुत्र सलीम शाह की कश्मीरी बीवी से हुई लड़की को माना गया है, जो हज के लिए बैरम खाँ के साथ जा रही थी। इससे अफगानियों को अपनी बेहज्जती महसूस हुई और उन्होंने हमला करके बैरम खाँ को समाप्त कर दिया।

लेकिन यह सम्भव नहीं लगता, क्योंकि ऐसा होने पर तो रहीम के लिए भी खतरा बढ़ जाता। उस वक्त पूर्ववर्ती शासक वंश के उत्तराधिकारी को समाप्त कर दिया जाता था। वह अफगानी मुबारक खाँ मात्र बैरम खाँ का वध कर ही नहीं रुका, बल्कि डेरे पर आक्रमण करके लूटमार भी करने लगा। तब स्वामीभक्त बाबा जम्बूर और मुहम्मद अमीर 'दीवानाश् चार वर्षीय रहीम को लेकर किसी तरह अफगान लुटेरों से बचते हुए अहमदाबाद जा पहुँचे। चार महीने वहाँ रहकर फिर वे आगरा की तरफ चल पड़े। अकबर को जब अपने संरक्षक की हत्या की खबर मिली तो उसने रहीम और परिवार की हिफाजत के लिए कुछ लोगों को इस आदेश के साथ वहाँ भेजा कि उन्हें दरबार में ले आएँ।

रहीम को अकबर का संरक्षण

बादशाह अकबर का यह आदेश बैरम खाँ के परिवार को जालौर में मिला, जिससे कुछ आशा बंधी। रहीम और उनकी माता परिवार के अन्य सदस्यों के साथ सन् 1562 में राजदरबार

में पहुँचे। अकबर ने बैरम खाँ के कुछ दुश्मन दरबारियों के विरोध के बावजूद बालक रहीम को बुद्धिमान समझकर उसके लालन–पालन का दायित्व स्वयं ग्रहण कर लिया। अकबर ने रहीम का पालन–पोषण तथा शिक्षा–दीक्षा शहजादों की तरह शुरू करवाई, जिससे दस–बारह साल की उम्र में ही रहीम का व्यक्तित्व आकार ग्रहण करने लगा। अकबर ने शहजादों को प्रदान की जाने वाली उपाधि मिर्जा खाँ से रहीम को सम्बोधित करना शुरू किया।

अकबर रहीम से बहुत अधिक प्रभावित था और उन्हें अधि काांश समय तक अपने साथ ही रखता था। रहीम को ऐसे उत्तरदायित्व पूर्ण काम सौंपे जाते थे, जो किसी नए सीखने वाले को नहीं दिए जा सकते थे। परन्तु उन सभी कामों में मिर्जा खाँश् अपनी योग्यता के बल पर सफल होते थे। अकबर ने रहीम की शिक्षा के लिए मुल्ला मुहम्मद अमीन को नियुक्त किया। रहीम ने तुर्की, अरबी एवं फारसी भाषा सीखी। उन्होंने छन्द रचना, कविता करना, गणित, तर्क शास्त्र और फारसी व्याकरण का ज्ञान प्राप्त किया। संस्कृत का ज्ञान भी उन्हें अकबर की शिक्षा व्यवस्था से ही मिला। काव्य रचना, दानशीलता, राज्य संचालन, वीरता और दूरदर्शिता आदि गुण उन्हें अपने माँ – बाप से संस्कार में मिले थे। सईदा बेगम उनकी दूसरी माँ थीं। वह भी कविता करती थीं।

रहीम शिया और सुन्नी के विचार–विरोध से शुरू से आजाद थे। इनके पिता तुर्कमान शिया थे और माता सुन्नी। इसके अलावा रहीम को छः साल की उम्र से ही अकबर जैसे

उदार विचारों वाले व्यक्ति का संरक्षण प्राप्त हुआ था। इन सभी ने मिलकर रहीम में अद्भुत विकास की शक्ति उत्पन्न कर दी। किशोरावस्था में ही वे यह समझ गए कि उन्हें अपना विकास अपनी मेहनत, सूझबूझ और शौर्य से करना है। रहीम को अकबर का संरक्षण ही नहीं, बल्कि प्यार भी मिला। रहीम भी उनके हुक्म का पालन करते थे, इसलिए विकास का रास्ता खुल गया। अकबर ने रहीम से अंग्रेजी और फ्रेंच भाषा का भी ज्ञान प्राप्त करने को कहा। अकबर के दरबार में संस्कृत के कई विद्वान थेय बदाऊंनी खुद उनमें से एक था।

विवाह

रहीम शिमर्जा खाँ की कार्यकुशलता, लगन और योग्यता देखकर अकबर ने उनको शासक वंश से सीधे सम्बद्ध करने का फैसला किया, क्योंकि ऐसा करके ही रहीम के दुश्मनों का मुँह बन्द किया जा सकता था और उन्हें अन्तःपुर की राजनीति से बचाया जा सकता था। अकबर ने अपनी धाय माहम अनगा की पुत्री और अजीज कोका की बहन 'माहबानोश', से रहीम का निकाह करा दिया। रहीम का विवाह लगभग सोलह साल की उम्र में कर दिया गया था। माहबानो से रहीम के तीन पुत्र और दो पुत्रियाँ हुईं। पुत्रों का नाम इरीज, दाराब और करन अकबर के द्वारा ही रखा गया था। पुत्री जाना बेगम की शादी शहजादा दानियाल से सन् 1599 में और दूसरी पुत्री की शादी मीर अमीनुद्दीन से हुई। रहीम को सौधा जाति की एक लड़की से रहमान दाद नामक एक पुत्र हुआ और एक नौकरानी से मिर्जा अमरुल्ला हुए। एक पुत्र हैदर कुली हैदरी की बचपन में

ही मृत्यु हो गई थी।

रहीम का भाग्योदय

रहीम के भाग्य का उत्कर्ष सन् 1573 से शुरू होता है। जो अकबर के समय सन् 1605 तक चलता रहा। इसी बीच बादशाह अकबर एक बार रहीम से नाराज भी हो गए, लेकिन ज्यादा दिनों तक यह नाराजगी नहीं रह सकी। सन् 1572 में जब अकबर पहली बार गुजरात विजय के लिए गया तो 16 वर्षीय रहीम 'मिर्जा खा' उसके साथ ही थे। घन आजम को गुजरात का सूबेदार नियुक्त करके बादशाह अकबर लौट आए। लेकिन उसके लौटते ही घन आजम को गुजराती परेशान करने लगे। उसे चारों ओर से नगर में घेर लिया गया। यह समाचार पाकर बादशाह अकबर सन् 1573 में 11 दिनों में ही साबरमती नदी के किनारे पहुँच गया। रहीम 'मिर्जा खा' को अकबर के नेतृत्व में मध्य कमान का कार्यभार सौंपा गया। मिर्जा खाँ ने बड़ी बहादुरी से युद्ध करके दुश्मन को परास्त किया। यह उनका पहला युद्ध था।

अकबर के साथ ही रहीम लौट आए। कुछ वक्त बाद मिर्जा खाँ को राणा प्रताप, जो उन दिनों दक्षिणी पहाड़ियों के दुर्गम जंगल में थे, से लड़ने के लिए राजा मानसिंह और भगवान दास के साथ भेजा गया। आंशिक सफलता के बाद भी जब राणा प्रताप अपराजित रहे तो शाहवाज खाँ के नेतृत्व में पुनः सेना भेजी गई। इसमें भी रहीम 'मिर्जा खाँ' शामिल थे जिन्होंने 4 अप्रैल, 1578 को दोबारा आक्रमण किया। अभी तक रहीम प्रसिद्ध सेनानायकों के नेतृत्व में युद्ध का अनुभव प्राप्त

कर रहे थे।

रहीम मिर्जा खाँ को जिम्मेदारी का पहला स्वतंत्र पद सन् 1580 में प्राप्त हुआ। फिर अकबर ने उन्हें मीर अर्ज के पद पर नियुक्त किया। इसके बाद सन् 1583 में उन्हें शहजादा सलीम का अतालीक (शिक्षक) बना दिया गया। रहीम को इसे नियुक्ति से बहुत खुशी हासिल हुई। उन्होंने इस उपलक्ष्य में लोगों को एक शानदार दावत दी, जिसमें खुद बादशाह अकबर भी मौजूद था। मिर्जा खाँ और उनकी पत्नी माहबानो को बादशाह ने उपहारों से सम्मानित किया।

रहीम अभी इस दायित्व का निर्वाह कर ही रहे थे कि उन्हें खबर मिली कि आगरे के कलि से भागे हुए कैदी मुजफ्फर खाँ ने काठियों आदि के साथ मिलकर फिर सेना तैयार करनी शुरू कर दी है। बैरम खघँ का दुश्मन शहाबुद्दीन उस वक्त गुजरात का सूबेदार था। वह अकबर का हुक्म नहीं मान रहा था। अकबर को इस बात का शक था कि वह विश्वासघात कर रहा है।

गुजरात की सूबेदारी

अकबर के शासनकाल में सन् 1580 से सन् 1583 तक कठिन समय था, क्योंकि उसके दरबार के अमीर उसके खलिाफ साजिश रच रहे थे और दक्षिण में स्थिति विपरीत थी। ऐसे वक्त में अकबर ने रहीम 'मिर्जा खा' को गुजरात की सूबेदारी देकर दुश्मन को पराजित करने के लिए भेजा। उधर मुजफ्फर खाँ ने एतमाद खाँ को हराकर अहमदाबाद पर अधि

ाकार कर लिया था। साथ ही प्राप्त खजाने से 40,000 सेना खड़ी कर ली थी।

बादशाह अकबर ने 22 सितंबर, 1583 को फतेहपुर सीकरी के राजपूतों और बाड़ा के सैयदों तथा पठान सैनिकों के साथ रहीम को विदा किया। रहीम इन बहादुर सैनिकों सहित द्रुतगति से आगे बढ़ते हुए मिरथा पहुँचे, जहाँ उन्हें मुजफ्फर खाँ के द्वारा कुतुबुद्दीन की हत्या और भड़ौच पर अधिकार का समाचार मिला। रहीम अपने साथ के लोगों से यह खबर छिपाए तेजी से आगे बढ़ते हुए सिरोही जा पहुँचे, जहाँ निजामुद्दीन उनकी अगवानी में खड़े थे। इससे उन्हें नवीनतम स्थिति का पता चला। 31 दिसम्बर को वह पाटन पहुँचे और एक दिन रुककर मुगल अधिकारियों की गोष्ठी में विचार–विमर्श किया। लोगों ने रहीम को मालवा सेना की प्रतीक्षा करने की सलाह दी लेकिन विश्वसनीय मित्रों मुंशी दौलत खाँ लोदी ने कहा कि यही उचित अवसर है। वे आक्रमण करके 'घन–घना' की उपाधि प्राप्त करें, क्योंकि यह उपाधि उनके पिता को भी मिली थी। रहीम को मीर मुंशी दौलत खाँ लोदी की बात जंची। वे आक्रमण करने के लिए चल पड़े। 12 जनवरी, 1584 को उन्होंने अहमदाबाद से 6 मील दूर सरखेज गाँव के निकट साबरमती नदी के बाएँ किनारे पर पहुँचकर डेरा डाल दिया। मुजफ्फर खाँ की सेना का पड़ाव नदी के उस पार था। उसके पास 40,000 सेना थी जबकि रहीम के पास मात्र 10,000 सेना थी। ऐसी हालत में नदी पार करना बहुत ही खतरनाक सिद्ध हो सकता था।

इन हालात का सामना रहीम ने जिस मनौवैज्ञानिक पद्धति से किया, वह युद्ध विज्ञान के क्षेत्र में महत्त्वपूर्ण मानी जाती है। रहीम ने पदाधिकारियों को एक पत्र पढ़कर सुनाया कि बादशाह एक विशाल सेना लेकर खुद आ रहे हैं और उनके आने तक आक्रमण न किया जाए। इससे अमीरों का मनोबल बढ़ा। वे सेनापति के आदेशों का पालन करने में लग गए। दुश्मनों को जब अपने जासूसों से पता चला कि बादशाह खुद आ रहे हैं तो 16 जनवरी को नदी पार करके मुजफ्फर खाँ ने जल्दबाजी के साथ आक्रमण कर दिया।

अपनी रणनीति के अनुसार रहीम 300 चुने हुए वीरों और 100 विशालकाय हाथियों के साथ सेना के मध्य में रहते हुए युद्ध भूमि में उतरे। राजपूतों और सैयदों ने इस युद्ध में बड़ी वीरता का प्रदर्शन किया। चारों तरफ मृत्यु का ताण्डव था। दोनों पक्षों को जब मुजफ्फर खघँ ने गुत्थम–गुत्था देखा तो सात हजार सैनिकों के साथ मध्य भाग की ओर बढ़ा। मुगल सैनिक विशाल सेना को मध्य भाग की तरफ आता देख युद्ध स्थल से भागने लगे। ऐसी स्थिति में रहीम ने हाथियों की सेना आगे करने की युद्धनीति अपनाई। गजराजों द्वारा कुचले जाने से शत्रु पक्ष में त्राहि–त्राहि मच गई। जब तक वे सम्भलते, तब तक निजामुद्दीन ने पीछे से और राय दुर्ग सिसौदिया ने बाईं तरफ से आक्रमण कर दिया।

कंधार पर आक्रमण

रहीम घन–घना जौनपुर में मुश्किल से एक वर्ष रहे होंगे कि 4 जनवरी, 1590 को बादशाह अकबर ने विशाल सेना के

साथ उन्हें कंधार विजय के लिए भेज दिया। खर्च आदि के लिए मुलतान और भक्कर जागीर के रूप में प्रदान किया। रहीम ने रास्ते में ही बलूचियों को पराजित करने का फैसला किया। लेकिन उन्होंने कंधार जीतने के पहले सिन्ध के शासक जानी बेग, जो मुजफ्फर खाँ से ज्यादा चालाक और सामरिक दृष्टि से सम्पन्न था, को पराजित करना जरूरी समझा। इसके लिए घन–घना ने बादशाह से इजाजत माँगी जो उन्हें तत्काल मिल गई।

रहीम उपजाऊ और सम्पन्न प्रान्त पर अधिकार करके सैनिकों की जरूरतें पूरी करना चाहते थे। वे अभी मुलतान से कुछ ही मील दूर थे कि बलूची सरदारों ने सामूहिक रूप से घन–घना की सेवा में हाजिर होकर अकबर के प्रति अपनी स्वामीभक्ति प्रदर्शित की और सिन्ध की विजय में सहयोग का पूरा आश्वासन दिया।

यह बात जब जानी बेग को पता चली तो उसने खुसरो के नेतृत्व में 120 सशस्त्र नावों, जिनमें धनुर्धर सैनिक, बन्दूक चलाने वाले एवं 200 युद्ध तोपें थीं, को जलमार्ग से और दो टुकड़ियों को नदी के किनारों से भेजा। घन–घना ने जिस कध्लि के पास डेरा डाला था, वह स्थान नदी से काफी ऊँचाई पर ढलुआ बलुई जमीन पर स्थित था। अतः नदी से निकलकर आक्रमण करना मुश्किल था। 31 अक्तूबर, 1591 को शत्रु–दल धारा के विपरीत आगे बढ़ता दिखाई पड़ा। अब युद्ध अनिवार्य हो गया था। यह भयानक युद्ध 24 घन्टे के बाद तब बन्द हुआ जब खुसरों हारकर भाग गया। लेकिन जानी बेग इससे

हतोत्साहित नहीं हुआ और बुहरी कलि में अपना डेरा डाले पड़ा रहा, क्योंकि यह स्थल सुरक्षित था।

घन–घना की उपाधि

ऐसा होने से दुश्मनों ने यह समझा कि एक तरफ से अकबर और दूसरी तरफ से मालवा की सेना ने एक साथ आक्रमण कर दिया है। वे तत्काल मैदान छोड़कर भागने लगे। परिणामतः मुजफ्फर खाँ को भी वहाँ से भागकर अपनी जान बचानी पड़ी। इस विजय से रहीम 'मिर्जा खाँ' की बहादुरी की धाक जम गई और उनके दरबारी दुश्मनों के मुँह बन्द हो गए। इसी के साथ रहीम को घन–घना की उपाधि तथा कई जागीरों से सम्मानित किया गया।

सन 1589 में जब बादशाह अकबर अपने परिवार के साथ कश्मीर और काबुल घाटी की यात्रा पर गया तो रहीम घन–घना भी उसके साथ थे। रहीम ने अवकाश के दिनों में बाबर की आत्मकथा तजुके बाबरी का तुर्की से फारसी में अनुवाद किया। फिर 24 नवम्बर, 1589 को जब बादशाह यात्रा से लौट रहे थे तो उन्होंने यह अनुवाद उन्हें रास्तें में ही भेंट किया।

अकबर ने रहीम की साहित्यिक कृति से प्रसन्न होकर राजा टोडरमल की मृत्यु से रिक्त साम्राज्य के वकील के पद पर उन्हें अधिष्ठित कर दिया। रहीम के पिता बैरम खाँ भी साम्राज्य के वकील थे। यद्यपि उस समय तक इस पद के अधिकार कुछ कम हो गए थे, लेकिन बादशाह और शहजादों के अधिकारों के बाद यही सर्वोच्च पद था। रहीम को जौनपुर का सूबा जागीर के रूप में प्रदान किया गया। उन्हें अवकाश के

दिनों में दरबार में आने वाले कवियों आदि को दान देना पड़ता था। इसके अलावा साम्राज्य के सर्वश्रेष्ठ अमीर के खर्चे भी अधिक थे। रहीम को प्रतिष्ठा, कुल की मर्यादा और आन–बान के अनुसार खर्च करना पड़ता था, इस वजह से उनकी आर्थिक स्थिति कमजोर होने लगी थी।

घन–घना की युद्धनीति

रहीम घन–घना के सैनिकों को अब काफी परेशानियाँ उठानी पड़ीं। दो महीने घेरा डालने के बाद भी उन्हें सफलता नहीं मिली। जानी बेग के छापामार सैनिक किले से निकलकर मुगलों को परेशान करते और खाद्य सामग्री लूट लेते थे। जब खाद्यान्न की कमी हो गई तो घन–घना ने बादशाह से मदद माँगी। बादशाह ने ढाई लाख रुपये, अनाज और तोपों से सजी कुछ नौकाएँ भेजीं। लेकिन जब इससे भी समस्या हल नहीं हुई तो उन्होंने जानी बेग के रसद आपूर्ति के स्रोतों पर अधिकार करना जरूरी समझा। उन्होंने मुगल सैनिकों के पाँच दस्तों की सहायता से शत्रु के रसद आपूर्ति ठिकानों पर कब्जा कर लिया। इससे घन–घना के सैनिकों को खाद्य सामग्री की पूर्ति सम्भव हो सकी।

तत्पश्चात घन–घना ने अपनी युद्धनीति के अनुसार आक्रमण करके बुहरी कलि को ध्वस्त कर दिया। शत्रुओं ने जमकर संघर्ष किया, लेकिन अन्ततः पराजित हुए। जानी बेग ने युद्ध भूमि से भागकर उरनपुर में शरण ली घन–घना ने इस बार कलि की घेराबन्दी करने में चूक नहीं की। यह घेरा एक माह तक चलता रहा। इतने में बारिश शुरू हो गई। लगातार बारिश के कारण तीन तरफ से नदी का जल तथा एक तरफ मुगलों की घेराबन्दी से जानी बेग की खाद्य आपूर्ति लगभग समाप्त हो

गई। नदी से सामग्री पहुँचना मुगलों के कब्जे के कारण असम्भव था। तोपों की गोलाबारी से भीतर रहना मुश्किल हो गया था। लोग ऊँट आदि खाने लगे थे। जानी बेग के सैनिक भूख से व्याकुल होकर घन–घना की शरण में आने लगे। घन–घना की उदारता के फलस्वरूप अनेक सिन्धी तो मुगल सेना में शामिल हो गए।

सिन्ध पर विजय

आखिर में जानी बेग ने अपने दूतों से कहलवाया कि अल्लाह के नाम पर अपने ही धर्म के लोगों की हत्या रोक दें। घन–घना ने दूतों का स्वागत किया और यह सन्धि प्रस्ताव स्वीकृत किया कि सेहवान दुर्ग एवं बीस युद्धपोत मुगलों को दे दिए जाएँ। जानी बेग अपनी पुत्री का विवाह इरीज से करें तथा सिन्ध के शासक राजदरबार में उपस्थित होकर बादशाह की अधीनता स्वीकार कर लें। सन्धि होने के बाद सैनिक–घेरा उठा लिया गया। जानी बेग ने तीन माह का वक्त माँगा ताकि वह ठट्टा जाकर अपनी राजधानी लाहौर ले चलने का प्रबन्ध कर सके।

सेहवान दुर्ग की चाबी घन–घना के वहाँ पर पहुँचने पर दुर्गपाल के द्वारा प्रदान कर दी गई। तीन महीने का वक्त समाप्त होने पर भी जब जानी बेग नहीं आया तो घन–घना ने ठट्टा की तरफ प्रस्थान किया। जानी बेग राजधानी से निकलकर फतेहाबाद में डेरा डाले पुर्तगाली सेना के आने का इंतजार कर रहा था। मुगल सेना फतेहाबाद पहुँच गई। तब जानी बेग ने आगे बढ़कर घन–घना का स्वागत किया। उसकी धूर्तता

तथा बहानेबाजी नहीं चल पाई। घन–घना ने मुगलों को उसकी मित्रता का विश्वास दिलाने के लिए उससे जहाजी बेड़ा समर्पित करने को कहा।

जानी बेग के पास दो ही रास्ते थे– गिरफ्तारी या अध ीनता। उसने अपना जहाजी बेड़ा जो कि उसकी रीढ़ था, मुगलों को दे दिया। सिन्ध पर विजय प्राप्त करके घन–घना ठट्टा चले गए। वहाँ से प्रस्थान करते समय अपनी सारी सामग्री जो उनके पास थी, अपने अमीरों और कर्मचारियों में वितरित कर दी। वे फतेहाबाद में लौटकर आए ही थे कि उन्हें पराजित शत्रु के साथ दरबार में उपस्थित होने का शाही आदेश मिला। घन–घना जानी बेग के साथ अविलम्ब वहाँ से चलकर दरबार में हाजिर हुए। इससे उनकी आज्ञाकारिता पर बादशाह अकबर बहुत खुश हुआ।

दक्षिण को प्रस्थान

सिन्ध पर विजय के बाद घन–घना दरबार में 6 माह ही रह पाए थे कि बादशाह ने उन्हें दक्षिण की ओर प्रस्थान करने को कहा। घन–घना मालवा के मार्ग से दक्षिण को रवाना हुए। कुछ दिन भिलसा में रहकर 19 जुलाई, 1594 को दक्षिण की ओर सीधे न जाकर वे उज्जैन के रास्ते से चल पड़े। वे आक्रमण के पहले दक्षिण के द्वार पर स्थित खघनदेश पर भी अधिकार करना चाहते थे। शहजादा मुराद रहीम का इन्तजार कर रहा था। घन–घना की देरी उसे पसन्द नहीं थी। दरबारी और अमीर घन–घना के विरुद्ध मुराद के कान भर रहे थे। घन–घना का यह कार्य उनकी दूरदर्शिता और कूटनीति कौशल का प्रमाण था। परन्तु शहजादा नाराज होता गया और उसने जून, 1565 में अहमदनगर की ओर प्रस्थान कर दिया।

मुगलों, राजपूतों, सैयदों और घनदेश की सम्मिलित सेना के साथ घन–घना ने शाहपुर से चलकर पाथरी से 12 कोस दूर गोदावरी के तट पर अस्थि नामक स्थान पर डेरा डाल दिया। नदी के दूसरे किनारे पर चाँदबीबी के राष्ट्र जागरण के फलस्वरूप आदिल शाही, कुतुब शाही, निजाम शाही और बीदर शाही की संयुक्त सेनाएँ वीर योद्धा सुहेल खाँ के नेतृत्व में डेरा डाले हुए थीं। पूरे पन्द्रह दिनों तक दोनों ही गोदावरी नदी के तट के आर पार एक दूसरे के आक्रमण का इन्तजार करते रहे। जब घन–घना को दक्षिणियों की शक्ति का अनुमान हो गया तो उन्होंने अपने साथियों राजा अली खाँ और 'शाहरुख'के साथ 26 जनवरी, 1597 को नदी पार करके दक्षिण की सेना पर आक्रमण कर दिया।

रहीम घन–घना की गिरफ्तारी

दक्षिण के इस अभियान से संतुष्ट होकर शहजादा खुर्रम घनदेश, बरार और अहमदनगर की सूबेदारी घन–घना को देकर अपने पिता से मिलने माण्डू चला गया। बादशाह ने खुर्रम को शाहजहाँ की उपाधि दी तथा सिंहासन से उठकर उसका स्वागत किया। मलिक अम्बर अपनी आदत के अनुसार अधिक दिनों तक अधीन नहीं रह सकता था। उसने सन्धि तोड़ दी और मुगल थानेदारों पर हमला कर दिया। ये घन–घना की विपत्ति के दिन थे। दामाद शाहनवाज खाँ की अधिक मदिरापान के कारण मृत्यु हो गई और रहीम का पुत्र रहमान दाद भी चल बसा। दाराब को बालाघाट से बालपुर और वहाँ से सन् 1620 में बुरहानपुर खदेड़ दिया गया। बुरहानपुर में दाराब और घन–घना दोनों ही गिरफ्तार कर लिए गए। फिर तभी मुक्त हुए जब शाहजहाँ वहाँ पर आया। इस प्रकार सन् 1620 से 1626 तक का समय रहीम के राजनीतिक जीवन का

ह्रास काल रहा। सम्राट अकबर के शासन काल में उनकी गणना अकबर के नौ रत्नों में होती थी। जहाँगीर के राजगद्दी पर बैठने पर रहीम ने अक्सर जहाँगीर की नीतियों का विरोध किया। इसके फलस्वरूप जहाँगीर की दृष्टि बदली और उन्हें कैद कर दिया। उनकी उपाधियाँ और पद जब्त कर लिए गए। सन् 1625 में रहीम ने दरबार में जहाँगीर के सामने उपस्थित होकर माफी माँगी और वफादारी का प्रण किया। बादशाह जहाँगीर ने न सिर्फ उन्हें माफ कर दिया बल्कि लाखों रुपये दिए, उपाधियाँ और पद लौटा दिए। जहाँगीर की इस कृपा से अभिभूत होकर रहीम ने अपनी कब्र के पत्थर पर यह दोहा खुदवाने की वसीयत की

मरा लुत्फे जहाँगीर, जे हाई ढाते रब्बानी।

दो वारः जिन्दगी दाद, दो वारः खानखानी।।

अर्थात् ईश्वर की सहायता और जहाँगीर की दया से दो बार जिन्दगी और दो बार घन–घना की उपाधि मिली।

व्यापक नरसंहार

भयानक संघर्ष के बाद कुतुब शाही और निजाम शाही सैनिक मुगलों की मार से भागने लगे। तब सेना के मध्य भाग में सुहेल खाँ ने पूरी शक्ति के साथ मुगलों पर आक्रमण कर दिया। मारदृकाट से डरकर मुगल सैनिक युद्ध स्थल से 30 मील दूर शाहपुर भाग गए। सुहेल खाँ के सैनिकों ने जब मध्य भाग पर आक्रमण किया तो तोपों के सीधे आक्रमण से बचने के लिए वह वहाँ से हट गया, परन्तु राजा अलीखाँ बीच में आ गया। व्यापक नर संहार के बाद अंधेरा हो जाने के कारण

दोनों पक्षों ने एक दूसरे की हार का अनुमान लगाकर वहाँ से भाग गए। प्रातः काल जब मुगल सैनिक नदी पर पानी लेने गए तो सुहेल खाँ ने 25000 घुड़सवार सेना के साथ आक्रमण कर दिया।

घन–घना के पास इस समय कुल 7000 सैनिक थे। तीनों सेनाओं के महत्त्वपूर्ण सैनिक मारे गए थे। कहा जाता है कि दौलतखाँ लोदी (जिसे अजीज कोका ने रहीम को दिया था और कहा था कि इसकी सेवा करो, घन–घना बन जाओगे) उस समय सेनापति घन–घना का मुख्य रक्षक था। उसने सुहेल खाँ द्वारा हाथियों और तोपों को आगे बढ़ाया जाते देखकर घन–घना से कहा, "हमारे पास 600 घुड़सवार हैं। फिर भी मैं शत्रु के केन्द्र पर आक्रमण करूँगा।"

सेनापति घन–घना ने कहा, "क्या तुम्हें दिल्ली का स्मरण नहीं है।" दौलत खाँ ने उत्तर दिया, "अगर हम इन विषमताओं से सुरक्षित रह गए तो सैकड़ों दिल्लियाँ ढूँढ लेंगे।" बड़हा के सैयद यह वार्तालाप सुन रहे थे। वे दौलतखाँ लोदी से बोले, "जब कुछ नहीं बचा है सिवाय मृत्यु के तो आइए, हम सब हिन्दुस्तानियों की तरह लड़ें। लेकिन आप घन–घना से यह पूछिए कि वह क्या चाहते हैं।"

दौलतखाँ लोदी ने घूमकर घन–घना से कहा, "हमारे सामने विशाल सेना खड़ी है। विजय अल्लाह के हाथ में है। कृपया यह बताइए कि अगर आप हार गए तो हम लोग आपको कहाँ पर पाएँगे।" घन–घना ने कहा, "लाशों के नीचे।" फिर दौलत खाँ और सैयदों ने आदिलशाही सेना के मध्य भाग पर सीधे आक्रमण कर दिया। इस युद्ध में शत्रु

पराजित हुए और सुहेल खाँ बेहोश होकर मैदान में गिर पड़ा, जिसे बाद में दक्षिणी उठाकर भाग गए।

विपत्तियों के बादल

कहा जाता है कि घन–घना ने उस दिन 75 लाख रुपये बाँट दिए। इस महान विजय के बाद भी घन–घना और शहजादा मुराद में मतभेद बढ़ते गए। शहजादे के कहने पर घन–घना को वापस बुला लिया गया। यह रहीम के दुख का समय था। उनका संरक्षक और बादशाह उनसे नाराज था ही, इसी बीच उनका सबसे प्रिय पुत्र हैदर कुली जलकर मर गया। लाहौर से लौटते समय अम्बाला में माहबानो अधिक बीमार हो गईं। वह पुत्र की मृत्यु नहीं झेल सकीं और अम्बाला में ही सन् 1598 में उनकी मृत्यु हो गई। दक्षिण से लौटने पर घन–घना केवल साल भर दरबार में रहे। यह समय उनके दुख, अपमान और सन्ताप का था। 29 अक्टूबर, 1599 को बादशाह अकबर ने शहजादा दानियाल को दक्षिण में नियुक्त करके रहीम को उसका अभिभावक बना दिया। साथ ही दक्षिण कमान का सेनापति पद देकर अहमदनगर का कलि फतह करने के लिए भेजा। दानियाल और रहीम अहमदनगर कलि का चार माह चार दिन तक घेरा डाले रहे। चाँदबीबी ने जब सन्धि करनी चाही तो हब्शियों ने उन्हें मार डाला और इब्राहीम के पुत्र बहादुर को निजाम बनाकर युद्ध के लिए तैयार हो गए। 16 अगस्त, 1600 को कलि की दीवार उड़ा दी गई और हब्शियों की पराजय हुई। रहीम घन–घना बहादुर के साथ दरबार में लौट आए। बहादुर को ग्वालियर के कलि में जीवन भर के लिए कैद कर दिया गया। घन–घना ने अपनी

पुत्री का विवाह दानियाल से कर दिया। अप्रैल, 1601 में घन–घना अहमदनगर कलि को दुरुस्त करने तथा शाह अली (जिसे मलिक अम्बर और राजू दक्षिणी ने निजाम शाह बनाकर गद्दी पर बैठाया था) को दबाव रखने के लिए जब वहाँ पर पहुँचे तो मुगलों के आपसी वैमनस्य एवं दक्षिणियों की एकता से परिस्थिति बदली हुई थी।

दामाद दानियाल की मृत्यु

हब्शी मलिक अम्बर अपनी प्रतिभा, साहस और वीरता से सरदार बन चुका था। उसकी प्रतिष्ठा भी अधिक थी। उसी प्रकार राजू दक्षिणी भी प्रभावशाली था। रहीम घन–घना के नेतृत्व में मलिक अम्बर को दो बार 16 मई, 1601 को मजेरा में अब्दुल रहमान ने और 1602 में नान्देर में घन–घना के पुत्र इरीज ने हराया। इससे घन–घना की प्रतिष्ठा बढ़ गई। इसी बीच दामाद शहजादा दानियाल की सन् 1604 में मृत्यु हो गई। रहीम बिटिया जाना बेगम से बहुत प्यार करते थे। उसने विधवा का जीवन व्यतीत किया जो रहीम के लिए बहुत ही हृदय विदारक था। रहीम इस दुख से उबर नहीं पाए थे कि उनके संरक्षक महान सम्राट अकबर सन् 1605 में परलोक सिध ाार गए।

जहाँगीर से भेंट

अकबर की मृत्यु के बाद रहीम बादशाह जहाँगीर से मिलने के लिए चिट्ठियाँ लिखते रहे। अन्ततः उन्हें दरबार में उपस्थित होने की अनुमति मिल गई। सन् 1608 में घन–घना बहुमूल्य उपहारों के साथ दरबार में अत्यन्त उल्लास के साथ

उपस्थित हुए। वह उस समय बहुत ही भावुक हो उठे थे। उन्हें यह भी भान न रहा कि वे सिर के बल चल कर आए हैं या पैर से। विह्वलता से उन्होंने अपने को बादशाह जहाँगीर के पैरों में डाल दिया, लेकिन जहाँगीर ने दयालुता से उन्हें उठाकर अपनी छाती से लगा लिया। फिर उनका मुख चूमा।

घन–घना ने जहाँगीर को मोतियों के दो हार, कई हीरे एवं माणिक भेंट किए, जिनका मूल्य तीन लाख रुपये था। इसके अतिरिक्त कई अन्य वस्तुएँ भी भेंट कीं। बादशाह जहाँगीर ने विशिष्ट घोड़े और 20 हाथी प्रदान करके उन्हें सम्मानित किया। घन–घना तीन महीने तीन दिन दरबार में रहकर दो वर्ष में दक्षिण विजय का आश्वासन देकर यथेष्ट सहायता लेकर दक्षिण की ओर चले गए। घन–घना घनघोर बरसात में शहजादा खुर्रम के साथ बुरहानपुर से बालाघाट की ओर बढ़ चले। परन्तु मुगल सरदारों के बीच असहमति के कारण उनकी युद्धनीति असफल हो गई। मलिक अम्बर ने सामने युद्ध न करके छापामार लड़ाई लड़ी। मुगल सेना की रसद सामग्री समाप्त होने लगी। हाथी–घोड़े मरने लगे। घन–घना के मित्र भी उनके शत्रु हो गए। फलतः उन्हें मलिक अम्बर से जहाँगीर की प्रतिष्ठा के अनुकूल सन्धि करनी पड़ी।

इन सबसे बादशाह जहाँगीर बहुत ही नाराज हुआ। उसने खघन–ए–जहाँ लोदी को रहीम का उत्तराधिकारी बनाकर भेजा। साथ ही साथ उनके पुराने शत्रु महावत खाँ को पराजित सेनापति को दरबार में लाने का काम सौंपा। महावत खाँ के साथ जब घन–घना लौटे तो उन्हें आगरा शहर में

प्रवेश नहीं करने दिया गया। जब बादशाह मिला भी तो उसने रहीम की ओर ध्यान नहीं दिया। रहीम के पुत्रों – इरीज और दाराब को साम्राज्य की प्रशंसनीय सेवाओं के लिए उपाधियों एवं पारितोषकों से सम्मानित किया गया। दाराब को जागीर के रूप में गाजीपुर प्रदान किया गया। इस विपत्ति में घन–घना के मित्रों ने उनका साथ छोड़ दिया। काफी समय वे चिन्तित अवस्था में दरबार में ही रहे। फिर कुछ दिनों के बाद आगरा प्रान्त में कालपी और कन्नौज की जागीर देकर वहाँ के उपद्रवों को शान्त करने के लिए भेजा गया। सन् 1610 से 1612 तक घन–घना कालपी में ही रहे।

दक्षिण में रहीम की स्थिति को समझते हुए जहाँगीर ने शहजादा खर्रुम की शादी रहीम की नतिनी और शाहनवाज खाँ की लड़की से 23 अगस्त, 1617 को करवा दी। घन–घना से वैवाहिक सम्बन्धों, बादशाह की निकट ही उपस्थिति और शहजादे का विशाल सेना के साथ मुहाने पर होना आदि स्थितियों ने दक्षिण के शासकों को समझौते के लिए विवश कर दिया। आदिल शाह ने 15 लाख रुपए मूल्य के सामान और नकदी के साथ हाथी आदि उपहार में भेजकर अधीनता स्वीकार कर ली। फिर इतना ही सामान और नकदी कुतुब मलिक ने भी भेजकर अधीनता स्वीकार कर ली। अब मलिक अम्बर के पास कोई चारा न था। अन्ततः उसे भी अधीनता स्वीकार करनी पड़ी।

2

साहित्यिक परिचय

भक्तिकाल हिन्दी साहित्य में रहीम का महत्त्वपूर्ण स्थान है। उन्होंने अरबी, फारसी, संस्कृत, हिन्दी आदि का गहन अध्ययन किया। वे राजदरबार में अनेक पदों पर कार्य करते हुए भी साहित्य सेवा में लगे रहे। रहीम का व्यक्तित्व बहुत प्रभावशाली था। वे स्मरण शक्ति, हाजिर–जवाबी, काव्य और संगीत के मर्मज्ञ थे। वे युद्धवीर के साथ–साथ दानवीर भी थे। अकबर के दरबारी कवि गंग के दो छन्दों पर रीझकर इन्होंने 36 लाख रुपये दे दिए थे। रहीम ने अपनी कविताओं में अपने लिए 'रहीम' के बजाए 'रहिमन' का प्रयोग किया है। वे इतिहास और काव्य जगत में अब्दुल रहीम घन–घना के नाम से प्रसिद्ध हैं। रहीम मुसलमान होते हुए भी कृष्ण भक्त थे। उनके काव्य में नीति, भक्ति–प्रेम तथा शृंगार आदि के दोहों का समावेश है।

साथ ही जीवन में आए विभिन्न मोड़ भी परिलक्षित होते हैं।

रहीम की भाषा

रहीम ने अपने अनुभवों को सरल और सहज शैली में मार्मिक अभिव्यक्ति प्रदान की। उन्होंने ब्रज भाषा, पूर्वी अवधी और खड़ी बोली को अपनी काव्य भाषा बनाया। किन्तु ब्रज भाषा उनकी मुख्य शैली थी। गहरी से गहरी बात भी उन्होंने बड़ी सरलता से सीधी–सादी भाषा में कह दी। भाषा को सरल, सरस और मधुर बनाने के लिए तद्भव शब्दों का अधि ाक प्रयोग किया।

रहीम अरबी, तुर्की, फारसी, संस्कृत और हिन्दी के अच्छे जानकार थे। हिन्दू–संस्कृति से ये भली–भाँति परिचित थे। इनकी नीतिपरक उक्तियों पर संस्कृत कवियों की स्पष्ट छाप परिलक्षित होती है।

कुल मिलाकर इनकी 11 रचनाएँ प्रसिद्ध हैं। इनके प्रायरू 300 दोहे 'दोहावली' नाम से संगृहीत हैं। मायाशंकर याज्ञिक का अनुमान था कि इन्होंने सतसई लिखी होगी किन्तु वह अभी तक प्राप्त नहीं हो सकी है। दोहों में ही रचित इनकी एक स्वतन्त्र कृति 'नगर शोभा' है। इसमें 142 दोहे हैं। इसमें विभिन्न जातियों की स्त्रियों का शृंगारिक वर्णन है।

रहीम अपने बरवै छन्द के लिए प्रसिद्ध हैं। इनका श्बरवै है। इनका 'बरवै नायिका भेद' अवधी भाषा में नायिका–भेद का सर्वोत्तम ग्रन्थ है। इसमें भिन्न–भिन्न नायिकाओं के केवल उदाहरण दिये गये हैं। मायाशंकर याज्ञिक ने काशीराज पुस्तकालय

और कृष्णबिहारी मिश्र पुस्तकालय की हस्त लिखित प्रतियों के आधार पर इसका सम्पादन किया है। रहीम ने बरवै छन्दों में गोपी–विरह वर्णन भी किया है।

मेवात से इनकी एक रचना 'बरवै' नाम की इसी विषय पर रचित प्राप्त हुई है। यह एक स्वतन्त्र कृति है और इसमें 101 बरवै छन्द हैं। रहीम के शृंगार रस के 6 सोरठे प्राप्त हुए हैं। इनके 'शृंगार सोरठ' ग्रन्थ का उल्लेख मिलता है किन्तु अभी यह प्राप्त नहीं हो सका है।

रहीम की एक कृति संस्कृत और हिन्दी खड़ी बोली की मिश्रित शैली में रचित 'मदनाष्टक' नाम से मिलती है। इसका वर्ण्य–विषय कृष्ण की रासलीला है और इसमें मालिनी छन्द का प्रयोग किया गया है। इसके कई पाठ प्रकाशित हुए हैं। 'सम्मेलन पत्रिका' में प्रकाशित पाठ अधिक प्रामणिक माना जाता है। इनके कुछ भक्ति विषयक स्फुट संस्कृत श्लोक 'रहीम काव्य' या श'संस्कृत काव्य' नाम से प्रसिद्ध हैं। कवि ने संस्कृत श्लोकों का भाव छप्पय और दोहा में भी अनूदित कर दिया है।

कुछ श्लोकों में संस्कृत के साथ हिन्दी भाषा का प्रयोग हुआ है। रहीम बहुज्ञ थे। इन्हें ज्योतिष का भी ज्ञान था। इनका संस्कृत, फारसी और हिन्दी मिश्रित भाषा में खेट कौतुक जातकम्श नामक एक ज्योतिष ग्रन्थ भी मिलता है किन्तु यह रचना प्राप्त नहीं हो सकी है। 'भक्तमाल' में इस विषय के इनके दो पद उद्धृत हैं। विद्वानों का अनुमान है कि ये पद 'रासपंचाध्यायी' के अंश हो सकते हैं।

रहीम ने 'वाकेआत बाबरी' नाम से बाबर लिखित आत्मचरित का तुर्की से फारसी में भी अनुवाद किया था। इनका एक 'फारसी दीवान' भी मिलता है।

रहीम के काव्य का मुख्य विषय शृंगार, नीति और भक्ति है। इनकी विष्णु और गंगा सम्बन्धी भक्ति–भावमयी रचनाएँ वैष्णव–भक्ति आन्दोलन से प्रभावित होकर लिखी गयी हैं। नीति और शृंगारपरक रचनाएँ दरबारी वातावरण के अनुकूल हैं। रहीम की ख्याति इन्हीं रचनाओं के कारण है। बिहारी लाल और मतिराम जैसे समर्थ कवियों ने रहीम की शृंगारिक उक्तियों से प्रभाव ग्रहण किया है। व्यास, वृन्द और रसनिधि आदि कवियों के नीति विषयक दोहे रहीम से प्रभावित होकर लिखे गये हैं। रहीम का ब्रजभाषा और अवधी दोनों पर समान अधि ाकार था। उनके बरवै अत्यन्त मोहक प्रसिद्ध है कि तुलसीदास को 'बरवै रामायण' लिखने की प्रेरणा रहीम से ही मिली थी। 'बरवै' के अतिरिक्त इन्होंने दोहा, सोरठा, कवित्त, सवैया, मालिनी आदि कई छन्दों का प्रयोग किया है।

प्रमुख रचनाएँसाहित्यिक परिवेश

प्रमुख रचनाएँ

अब्दुलरहीम खानखाना के साहित्यिक परिवेश के बारे में महापंडित राहुल सांकृत्यायन ने लिखा है "हिंदी के पहले युग में मुसलमान कवि सर्वेसर्वा थे, यह मंझनय जायसी की कृतियों से मालूम है. इनसे पहले मैथिली के विद्यापति और काशी के कबीर ही हिंदी गगन के चमकते नक्षत्र थे. फिर अकबर का समय आया जबकि हिंदी कविता को बहुत आगे बढ़ने का

मौका मिला. इस युग में जहाँ सूर और तुलसी जैसे सूरज–चाँद उदित हुए, वहीं रहीम भी हमारी कविता के उन्नायक बने. उनकी हिंदी कविता कितनी लोकप्रिय हुई है, यह इसी से मालूम होता है कि उनके दोहे तुलसी की चौपाईयों की तरह लोगों के मुख पर आज भी चढ़े हुए हैं. उनके एक–एक दोहे में गागर में सागर की तरह गंभीर अर्थ और अनुभव भरा होता है. उनकी कविताओं में साप्रदायिक संकीर्णता की गंध नहीं मिलती."(रहीम,लेख–राहुल सांकृत्यायन, विविध प्रसंग, पृ.64).

राहुल सांकृत्यायन रहीम संबंधी अपने इसी निबंध में आगे लिखते हुए इस बात के निहित कारणों पर प्रकाश डालते हैं कि रहीम की कविता साप्रदायिक गंध से दूषित क्यों नहीं थी अथवा दूषित हो पाई. इसे "हम जानते हैं कि तीन बरस के रहीम 16 वर्ष के अकबर की छत्रछाया में पले थे–अकबर, जिसने सांप्रदायिकता को अपने ही ह्रदय से नहीं, बल्कि देशवासियों के ह्रदय से उखाड़ फेंकना चाहा था. रहीम के पिता बैरम खान भी उसी तरह उदार थे."(देखें, वही) तो स्पष्ट है कि रहीम की लेखनी संप्रदाय विशेष से अप्रभावित होकर समूचे समाज के हित में चल रही थी. जहाँ तक रहीम के दोहों का प्रश्न है तो हिंदी साहित्य के इतिहास की यह धारा अपने उन्मुक्त और मानवीय ढंग से एक अलग ही राह पर चल रही थी, जहाँ न किसी धर्म के कठमुल्लेपन अथवा पंडिताई या जाति–पाती को फटकार थी, बल्कि इस धारा की कलम, जो रहीम के हाथ में थी, वह समाज के दैनंदिन जीवन के लिए सद्भावपरक राह तैयार कर रही थी.

जिस तरह सर्वश्रेष्ठ रचना कालातिक्रमण कर जाती है और प्रत्येक युग–विशेष में अपनी उपस्थिति दर्ज कराती है, उसी तरह रहीम के दोहों की सजीवता आज भी उतनी ही है, जितनी तब थी, जब समाज अधिक अराजक स्थितियों से ग्रस्त था. रहीम की साहित्यिक मान्यता से संबंधित एक वाकया प्रसिद्ध है. जब 1589 में बादशाह अकबर अपने परिवार के साथ काबुल और कश्मीर की यात्रा पर थे तब रहीम भी इस यात्रा में अकबर के साथ ही गए थे. इसी यात्रा के दौरान रहीम ने बाबर की जीवनी 'तजुके बाबरी' का अनुवाद फारसी में किया. 'तजुके बाबरी' तुर्की में लिखी हुई रचना थी. फारसी में अनूदित इस पुस्तक को इस यात्रा से लौटते हुए, रहीम ने अकबर को भेंट की. तब अकबर ने प्रसन्न होकर उन्हें टोडरमल की मृत्यु के बाद खाली हुए 'वकील' पद पर बैठाकर सम्मानित किया. इसके अलावा रहीम ने फारसी में अनेक कविताएँ लिखी हैं.

भक्तिकालीन हिंदी साहित्य में रहीम का स्थान अतिविशिष्ट है. उन्हें अरबी, फारसी, संस्कृत, हिंदी इत्यादि भाषाओं का गहरा ज्ञान था. राज–व्यवस्था में इतने सक्रिय रहने और अनगिनत युद्धों–विजयों के भागीदार रहने के बावजूद रहीम निरंतर साहित्य सृजन में लगे रहे, उनकी कविताओं में नीति, भक्ति, प्रेम एवं श्रृंगार की कविताओं के निदर्शन होते हैं. हिंदी साहित्य में वे विरल प्रतिभा हैं. यानी एक ऐसा कवि जो युद्धवीर है, दानवीर है और साहित्यकार भी है. इतना ही नहीं, रहीम काव्य के साथ संगीत के भी मर्मज्ञ थे. कहा जाता है कि मुसलमान होने के बावजूद रहीम कृष्णभक्त थे और अपनी

कविता में वे अपना नाम 'रहिमन' लिखकर करते थे. राजदरबार में रहने के कारण रहीम ने जीवन के कई रूप देखे थे. कई उतार–चढ़ावों से गुजरे भी थे और अपनी इन्हीं भोगे हुए अनुभवों से निरूसृत होकर उनकी कविताई अपना आकार लेती है. रहीम एक सहृदय और संवेदनशील व्यक्ति थे. इसलिए इनकी लिखी हुई रचनाओं ने समाज के सर्वसाधारण के हृदय में अपनी जगह बनाई है.

रहीम के कई काव्य–संग्रह प्रकाशित हैं, इनमें कुछ प्रमुख हैं :

- रहीम रत्नावली, संपादक : मायाशंकर याज्ञिक.
- रहीम विलास, संपादक : ब्रजरत्न दास.
- रहिमन विनोद
- रहीम कवितावली : सुरेन्द्रनाथ तिवारी
- रहीम : रामनरेश त्रिपाठी
- रहिमन चन्द्रिका : रामनाथ सुमन
- रहिमन शतक : लाला भगवानदीन

'मआसिर रहीमी' (बंगाल के एशियाटिक सोसायटी द्वारा प्रकशित एक हजार पृष्ठों का ग्रन्थ है)

इन सभी में ब्रजरत्नदास सम्पादित रहीम विलास प्रामाणिक ग्रंथ है. रहीम की विशेष ख्याति इनके लोक–प्रसिद्ध दोहों की वजह से भी है. इसके अलावा इन्होंने कुछ बेहतर अनुवाद भी किये हैं और जैसा कि हमें मालूम है, इनको ज्योतिष का भी

ज्ञान था, उन्होंने 'खेट कौतूक–जातकम' नामक एक ज्योतिष ग्रन्थ लिखा है. बहुमुखी प्रतिभा के धनी रहीम के दोहों में से लोक जीवन में व्याप्त कुछ दोहे और उनकी संक्षिप्त व्याख्या निम्नलिखित है।

1. रहिमन चुप हो बैठिये, देखि दिनन के फेर
जब नीके दिन आइहैं, बनत न लगिहैं देर.

रहीम कहते हैं कि जब बुरा दिन अथवा समय आता है, तब भलाई इसमें है कि चुप रहा जाए, क्योंकि जब अच्छे दिन आयेंगे, तब बात बनते, या इच्छित काम बनते देर नहीं लगेगी.

2. रहिमन धागा प्रेम का, मत तोड़ो चटकाय
टूटे से फिर न जुड़े, जुड़े गाँठ परि जाय.

रहीम लिखते हैं कि जो रिश्ते प्रेम और स्नेह के होते हैं, उन्हें कभी भी से नहीं तोडना चाहिए, क्योंकि ये नाते टूट जाने पर फिर जुड़ बेशक जाएँ, पर इनमें गाँठ पड़ जाती है.

3. बानी ऐसी बोलिये, मन का आपा खोय
औरन को शीतल करै, आपहु शीतल होय.

रहीम इस दोहे में सामाजिक जीवन से जुड़ी उस सच्चाई की ओर इशारा करते हैं, जहाँ हम लोगों से ढंग से बात तक नहीं करते. रहीम कहते हैं कि हमें लोक–व्यवहार में ऐसी बोली–बानी बोलनी चाहिए, जो खुद के मन को प्रीतिकर लगती ही हो, साथ ही, दूसरों को (खुद के साथ–साथ भी) रुचिकर और मीठी लगे.

4. जो रहीम उत्तम प्रकृति, का करि सकत कुसंग

चंदन विष व्यापत नहीं, लपटत रहत भुजंग.

रहीम कहते हैं कि जो व्यक्ति उत्तम प्रकृति–चरित्र का होता है, वह किसी भांति गलत व्यक्तियों का संग अथवा साथ नहीं करेगा. यदि उसने ऐसा किया भी तो उसमें उन व्यक्तियों का असर नहीं होगा. यह संग ठीक उसी प्रकार का होगा, जैसे चन्दन के पेड़ पर जहरीले साँपों के लिपटे रहने पर भी चन्दन की प्रकृति वही रहती है, जहरीली नहीं होती.

5. रहिमन देखि बड़ेन को, लघु न दीजिये डारि

जहाँ काम आवै सुई, कहा करै तलवारि.

रहीम के अनुसार बड़े लोगों की संगत में रहने पर छोटों को नहीं भूलना चाहिए या उनकी उपेक्षा नहीं करनी चाहिए, क्योंकि बुरा वक्त आने पर ये भी आपके लिए सहायक हो सकते हैं. यह ठीक वैसा ही है, जहाँ सुई का काम हो वहां तलवार किस काम का.

3
रचनाएँ

रहीम अनेक भाषाओं के ज्ञाता थे। उन्होंने तुर्की भाषा के एक ग्रन्थ 'वाकयात बाबरी' का फारसी में अनुवाद किया। फारसी में अनेक कविताएँ लिखीं। 'खेट कौतूक जातकम्' नामक ज्योतिष ग्रन्थ लिखा, जिसमें फारसी और संस्कृत शब्दों का अनूठा मेल था। इनका काव्य इनके सहज उद्‌गारों की अभिव्यक्ति है। इन उद्‌गारों में इनका दीर्घकालीन अनुभव निहित है। ये सच्चे और संवेदनशील हृदय के व्यक्ति थे। जीवन में आने वाली कटु–मधुर परिस्थितियों ने इनके हृदय–पट पर जो बहुविध अनुभूति रेखाएँ अंकित कर दी थी, उन्हीं के अकृत्रिम अंकन में इनके काव्य की रमणीयता का रहस्य निहित है। इनके 'बरवै नायिका भेद' में काव्य रीति का पालन ही नहीं हुआ है, वरन उसके माध्यम से भारतीय गार्हस्थ्य–जीवन के लुभावने चित्र भी सामने आये हैं। मार्मिक होने के कारण ही

इनकी उक्तियाँ सर्वसाधारण में विशेष रूप से प्रचलित हैं। रहीम–काव्य के कई संग्रह प्रकाशित हो चुके हैं। इनमें–

रहीम रत्नावली (सं. मायाशंकर याज्ञिक–1928 ई.) और

रहीम विलास (सं. ब्रजरत्नदास–1948 ई., द्वितीयावृत्ति) प्रामाणिक और विश्वसनीय हैं। इनके अतिरिक्त

रहिमन विनोद (हि. सा. सम्मे.),

रहीम 'कवितावली (सुरेन्द्रनाथ तिवारी),

रहीमश (रामनरेश त्रिपाठी),

रहिमन चंद्रिका (रामनाथ सुमन),

रहिमन शतक (लाला भगवानदीन) आदि संग्रह भी उपयोगी हैं।

4

रहीम के दोहे

तैं रहीम मन आपुनो, कीन्हों चारु चकोर।

निसि बासर लागो रहै, कृष्णचंद्र की ओर।

**

अच्युत–चरण–तरंगिणी, शिव–सिर–मालति–माल।

हरि न बनायो सुरसरी, कीजो इंदव–भाल।

**

अधम वचन काको फल्यो, बैठि ताड़ की छाँह।

रहिमन काम न आय है, ये नीरस जग माँह।

**

अन्तर दाव लगी रहै, धुआँ न प्रगटै सोइ।

कै जिय आपन जानहीं, कै जिहि बीती होइ।

**

अनकीन्हीं बातैं करै, सोवत जागे जोय।

ताहि सिखाय जगायबो, रहिमन उचित न होय।

**

अनुचित उचित रहीम लघु, करहिं बड़ेन के जोर।

ज्यों ससि के संजोग तें, पचवत आगि चकोर।

**

अनुचित वचन न मानिए जदपि गुराइसु गाढ़ि।

है रहीम रघुनाथ तें, सुजस भरत को बाढ़ि।

**

अब रहीम चुप करि रहउ, समुझि दिनन कर फेर।

जब दिन नीके आइ हैं बनत न लगि है देर।

**

अब रहीम मुश्किल पड़ी, गाढ़े दोऊ काम।

साँचे से तो जग नहीं, झूठे मिलैं न राम।

**

अमर बेलि बिनु मूल की, प्रतिपालत है ताहि।

रहिमन ऐसे प्रभुहिं तजि, खोजत फिरिए काहि।

**

अमृत ऐसे वचन में, रहिमन रिस की गाँस।

जैसे मिसिरिहु में मिली, निरस बाँस की फाँस।

**

अरज गरज मानैं नहीं, रहिमन ए जन चारि।

रिनिया, राजा, माँगता, काम आतुरी नारि।

**

असमय परे रहीम कहि, माँगि जात तजि लाज।

ज्यों लछमन माँगन गये, पारासर के नाज।

**

आदर घटे नरेस ढिंग, बसे रहे कछु नाहिं।

जो रहीम कोटिन मिले, धिग जीवन जग माहिं।

**

आप न काहू काम के, डार पात फल फूल।

औरन को रोकत फिरैं, रहिमन पेड़ बबूल।

**

आवत काज रहीम कहि, गाढ़े बंधु सनेह।

जीरन होत न पेड़ ज्यौं, थामे बरै बरेह।

**

उरग, तुरंग, नारी, नृपति, नीच जाति, हथियार।

रहिमन इन्हें सँभारिए, पलटत लगै न बार।

**

ऊगत जाही किरन सों अथवत ताही काँति।

त्यौं रहीम सुख दुख सवै, बढ़त एक ही भाँति।

**

एक उदर दो चोंच है, पंछी एक कुरंड।

कहि रहीम कैसे जिए, जुदे जुदे दो पिंड।

**

एकै साधे सब सधै, सब साधे सब जाय।

रहिमन मूलहिं सींचिबो, फूलै फलै अघाय।

**

ए रहीम दर दर फिरहिं, माँगि मधुकरी खाहिं।

यारो यारी छोड़िये वे रहीम अब नाहिं।

**

ओछो काम बड़े करैं तौ न बड़ाई होय।

ज्यों रहीम हनुमंत को, गिरधर कहै न कोय।

**

अंजन दियो तो किरकिरी, सुरमा दियो न जाय।

जिन आँखिन सों हरि लख्यो, रहिमन बलि बलि जाय।

**

अंड न बौड़ रहीम कहि, देखि सचिक्कन पान।
हस्ती–ढक्का, कुल्हड़िन, सहैं ते तरुवर आन।

**

कदली, सीप, भुजंग–मुख, स्‍वाति एक गुन तीन।
जैसी संगति बैठिए, तैसोई फल दीन।

**

कमला थिर न रहीम कहि, यह जानत सब कोय।
पुरुष पुरातन की बधू, क्यों न चंचला होय।

**

कमला थिर न रहीम कहि, लखत अधम जे कोय।
प्रभु की सो अपनी कहै, क्यों न फजीहत होय।

**

करत निपुनई गुन बिना, रहिमन निपुन हजूर।
मानहु टेरत बिटप चढ़ि मोहि समान को कूरं।

**

करम हीन रहिमन लखो, धँसो बड़े घर चोर।
चिंतत ही बड़ लाभ के, जागत वै गौ भोरं।

**

कहि रहीम इक दीप तें, प्रगट सबै दुति होय।

तन सनेह कैसे दुरै, दृग दीपक जरु दोय।

**

कहि रहीम धन बढ़ि घटे, जात धनिन की बात।

घटै बढ़ै उनको कहा, घास बेंचि जे खात।

**

कहि रहीम य जगत तैं, प्रीति गई दै टेर।

रहि रहीम नर नीच में, स्वारथ स्वारथ हेर।

**

कहि रहीम संपति सगे, बनत बहुत बहु रीत।

बिपति कसौटी जे कसे, ते ही साँचे मीत।

**

कहु रहीम केतिक रही, केतिक गई बिहाय।

माया ममता मोह परि, अंत चले पछिताय।

**

कहु रहीम कैसे निभै, बेर केर को संग।

वे डोलत रस आपने, उनके फाटत अंग।

**

कहु रहीम कैसे बनै, अनहोनी वै जाय।

मिला रहै औ ना मिलै, तासों कहा बसाय।

**

कागद को सो पूतरा, सहजहि मैं घुलि जाय।
रहिमन यह अचरज लखो, सोऊ खैंचत बाय।

**

काज परै कछु और है, काज सरै कछु और।
रहिमन भँवरी के भए नदी सिरावत मौर।

**

काम न काहू आवई, मोल रहीम न लेई।
बाजू टूटे बाज को, साहब चारा देई।

**

कहा करौं बैकुंठ लै, कल्प बृच्छ की छाँह।
रहिमन दाख सुहावनो, जो गल पीतम बाँह।

**

काह कामरी पामरी, जाड़ गए से काज।
रहिमन भूख बुताइए, कैस्यो मिलै अनाज।

**

कुटिलन संग रहीम कहि, साधू बचते नाहिं।
ज्यों नैना सैना करें, उरज उमेठे जाहिं।

**

कैसे निबहैं निबल जन, करि सबलन सों गैर।

रहिमन बसि सागर बिषे, करत मगर सों वैर।

**

कोउ रहीम जनि काहु के, द्वार गये पछिताय।

संपति के सब जात हैं, विपति सबै लै जाय।

**

कौन बड़ाई जलधि मिलि, गंग नाम भो धीम।

केहि की प्रभुता नहिं घटी, पर घर गये रहीम।

**

खरच बढ्यो, उद्यम घट्यो, नृपति निठुर मन कीन।

कहु रहीम कैसे जिए, थोरे जल की मीन।

**

खीरा सिर तें काटिए, मलियत नमक बनाय।

रहिमन करुए मुखन को, चहिअत इहै सजाय।

**

खैंचि चढ़नि, ढीली ढरनि, कहहु कौन यह प्रीति।

आज काल मोहन गही, बंस दिया की रीति।

**

खैर, खून, खाँसी, खुसी, बैर, प्रीति, मदपान।

रहिमन दाबे ना दबैं, जानत सकल जहान।

**

गरज आपनी आपसों, रहिमन कही न जाय।

जैसे कुल की कुलबधू, पर घर जाय लजाय।

**

गहि सरनागति राम की, भवसागर की नाव।

रहिमन जगत उधार कर, और न कछू उपाव।

**

गुन ते लेत रहीम जन, सलिल कूप ते काढ़ि।

कूपहु ते कहुँ होत है, मन काहू को बाघढ़ि।

**

गुरुता फबै रहीम कहि, फबि आई है जाहि।

उर पर कुच नीके लगैं, अनत बतोरी आहि।

**

चरन छुए मस्तक छुए, तेहु नहिं छाँड़ति पानि।

हियो छुवत प्रभु छोड़ि दै, कहु रहीम का जानि।

**

चारा प्यारा जगत में, छाला हित कर लेय।

ज्यों रहीम आटा लगे, त्यों मृदंग स्ध्वर देय।

**

चाह गई चिंता मिटी, मनुआ बेपरवाह।

जिनको कछू न चाहिए, वे साहन के साह।

**

चित्रकूट में रमि रहे, रहिमन अवध–नरेस।

जा पर बिपदा पड़त है, सो आवत यह देस।

**

चिंता बुद्धि परेखिए, टोटे परख त्रियाहि।

उसे कुबेला परखिए, ठाकुर गुनी किआहि।

**

छिमा बड़न को चाहिए, छोटेन को उतपात।

का रहिमन हरि को घट्यो, जो भृगु मारी लात।

**

छोटेन सो सोहैं बड़े, कहि रहीम यह रेख।

सहसन को हय बाँधियत, लै दमरी की मेख।

**

जब लगि जीवन जगत में, सुख दुख मिलन अगोट।

रहिमन फूटे गोट जें, परत दुहुँन सिर चोट।

**

जब लगि बित्त न आपुने, तब लगि मित्र न कोय।

रहिमन अंबुज अंबु बिनु, रवि नाहिंन हित होय।

**

ज्ध्यों नाचत कठपूतरी, करम नचावत गात।

अपने हाथ रहीम ज्यों, नहीं आपुने हाथ।

**

जलहिं मिलाय रहीम ज्यों, कियो आपु सम छीर।
अँगवहि आपुहि आप त्यों, सकल आँच की भीर।

**

जहाँ गाँठ तहँ रस नहीं, यह रहीम जग जोय।
मँड़ए तर की गाँठ में, गाँठ गाँठ रस होय।

**

जानि अनीती जे करैं, जागत ही रह सोइ।
ताहि सिखाइ जगाइबो, रहिमन उचित न होइ।

**

जाल परे जल जात बहि, तजि मीनन को मोह।
रहिमन मछरी नीर को, तऊ न छाँड़त छोह।

**

जे गरीब पर हित करैं, ते रहीम बड़ लोग।
कहाँ सुदामा बापुरो, कृष्ण मिताई जोग।

**

जे रहीम बिधि बड़ किए, को कहि दूषन काढ़ि।
चंद्र दूबरो कूबरो, तऊ नखत तें बाढि।

**

जे सुलगे ते बुझि गए, बुझे ते सुलगे नाहिं।

रहिमन दोहे प्रेम के, बुझि बुझि कै सुलगाहिं।

**

जेहि अंचल दीपक दुर्यो, हन्यो सो ताही गात।

रहिमन असमय के परे, मित्र शत्रु वै जात।

**

जेहि रहीम तन मन लियो, कियो हिए बिच भौन।

तासों दुख सुख कहन की, रही बात अब कौन।

**

जैसी जाकी बुद्धि है, तैसी कहै बनाय।

ताकों बुरा न मानिए, लेन कहाँ सो जाय।

**

जसी परै सो सहि रहै, कहि रहीम यह देह।

धरती पर ही परत है, शीत घाम औ मेह।

**

जैसी तुम हमसों करी, करी करो जो तीर।

बाढ़े दिन के मीत हौ, गाढ़े दिन रघुबीर।

**

जो अनुचितकारी तिन्हैं, लगै अंक परिनाम।

लखे उरज उर बेधियत, क्यों न होय मुख स्याम।

**

जो घर ही में घुस रहे, कदली सुपत सुडील।

तो रहीम तिनतें भले, पथ के अपत करील।

**

जो पुरुषारथ ते कहूँ, संपति मिलत रहीम।

पेट लागि वैराट घर, तपत रसोई भीम।

**

जो बड़ेन को लघु कहें, नहिं रहीम घटि जाँहि।

गिरधर मुरलीधर कहे, कछु दुख मानत नाहि।

**

जो मरजाद चली सदा, सोई तौ ठहराय।

जो जल उमगै पारतें, सो रहीम बहि जाय।

**

जो रहीम उत्तम प्रकृति, का करि सकत कुसंग।

चंदन विष व्यापत नहीं, लपटे रहत भुजंग।

**

जो रहीम ओछो बढ़ै, तौ अति ही इतराय।

प्यादे सों फरजी भयो, टेढ़ों टेढ़ो जाय।

**

जो रहीम करिबो हुतो, ब्रज को इहै हवाल।

तौ कहो कर पर धर्यो, गोवर्धन गोपाल।

**

जो रहीम गति दीप की, कुल कपूत गति सोय।

बारे उजियारो लगे, बढ़े अँधेरो होय।

**

जो रहीम गति दीप की, सुत सपूत की सोय।

बड़ो उजेरो तेहि रहे, गए अँधेरो होय।

**

जो रहीम जग मारियो, नैन बान की चोट।

भगत भगत कोउ बचि गये, चरन कमल की ओट।

**

जो रहीम दीपक दसा, तिय राखत पट ओट।

समय परे ते होत है, वाही पट की चोट।

**

जो रहीम पगतर परो, रगरि नाक अरु सीस।

निठुरा आगे रायबो, आँस गारिबो खीस।

**

जो रहीम तन हाथ है, मनसा कहुँ किन जाहिं।

जल में जो छाया परी, काया भीजति नाहिं।

**

जो रहीम भावी कतौं, होति आपुने हाथ।
राम न जाते हरिन संग, सीय न रावन साथ।

**

जो रहीम होती कहूँ, प्रभु–गति अपने हाथ।
तौ कोधौं केहि मानतो, आप बड़ाई साथ।

**

जो विषया संतन तजी, मूढ़ ताहि लपटाय।
ज्यों नर डारत वमन कर, स्वान स्वाद सों खाय।

**

टूटे सुजन मनाइए, जौ टूटे सौ बार।
रहिमन फिरि फिरि पोहिए, टूटे मुक्ताहार।

**

तन रहीम है कर्म बस, मन राखो ओहि ओर।
जल में उलटी नाव ज्यों, खैंचत गुन के जोर।

**

तब ही लौ जीबो भलो, दीबो होय न धीम।
जग में रहिबो कुचित गति, उचित न होय रहीम।

**

तरुवर फल नहिं खात हैं, सरबर पियहिं न पान।

कहि रहीम पर काज हित, संपति सँचहि सुजान।

**

तासों ही कछु पाइए, कीजै जाकी आस।

रीते सरवर पर गये, कैसे बुझे पियास।

**

तेहि प्रमान चलिबो भलो, जो सब हिद ठहराइ।

उमड़ि चलै जल पार ते, जो रहीम बढ़ि जाइ।

**

तैं रहीम अब कौन है, एती खैंचत बाय।

खस कागद को पूतरा, नमी माँहि खुल जाय।

**

थोथे बादर क्वाँर के, ज्यों रहीम घहरात।

धनी पुरुष निर्धन भये, करै पाछिली बात।

**

थोरो किए बड़ेन की, बड़ी बड़ाई होय।

ज्यों रहीम हनुमंत को, गिरधर कहत न कोय।

**

दादुर, मोर, किसान मन, लग्यो रहै घन माँहि।

**

रहिमन चातक रटनि हूँ, सरवर को कोउ नाहिं।

**

दिव्य दीनता के रसहिं, का जाने जग अंधु।

भली बिचारी दीनता, दीनबन्धु से बन्धु।

**

दीन सबन को लखत है, दीनहिं लखै न कोय।

जो रहीम दीनहिं लखै, दीनबंधु सम होय।

**

दीरघ दोहा अरथ के, आखर थोरे आहिं।

ज्यों रहीम नट कुण्डली, सिमिटि कूदि चढ़ि जाहिं।

**

दुख नर सुनि हाँसी करै, धरत रहीम न धीर।

कही सुनै सुनि सुनि करै, ऐसे वे रघुबीर।

**

दुरदिन परे रहीम कहि, दुरथल जैयत भागि।

ठाढ़े हूजत घूर पर, जब घर लागत आगि।

**

दुरदिन परे रहीम कहि, भूलत सब पहिचानि।

सोच नहीं वित हानि को, जो न होय हित हानि।

**

देनहार कोउ और है, भेजत सो दिन रैन।

लोग भरम हम पै धरें, याते नीचे नैन।

**

दोनों रहिमन एक से, जौ लौं बोलत नाहिं।

जान परत हैं काक पिक, ऋतु बसंत के माँहिं।

**

धन थोरो इज्जत बड़ी, कह रहीम का बात।

जैसे कुल की कुलबधू, चिथड़न माँह समात।

**

धन दारा अरु सुतन सों, लगो रहे नित चित्त।

नहिं रहीम कोउ लख्यो, गाढ़े दिन को मित्त।

**

धनि रहीम जल पंक को लघु जिय पिअत अघाय।

उदधि बड़ाई कौन हे, जगत पिआसो जाय।

**

धरती की सी रीत है, सीत घाम औ मेह।

जैसी परे सो सहि रहै, त्यों रहीम यह देह।

**

धूर धरत नित सीस पै, कहु रहीम केहि काज।

जेहि रज मुनिपत्नी तरी, सो ढूँढ़त गजराज।

**

नहिं रहीम कछु रूप गुन, नहिं मृगया अनुराग।

देसी स्वान जो राखिए, भ्रमत भूख ही लाग।

**

नात नेह दूरी भली, लो रहीम जिय जानि।

निकट निरादर होत है, ज्यों गड़ही को पानि।

**

नाद रीझि तन देत मृग, नर धन हेत समेत।

ते रहीम पशु से अधिक, रीझेहु कछू न देत।

**

निज कर क्रिया रहीम कहि, सुधि भाव के हाथ।

पाँसे अपने हाथ में, दॉव न अपने हाथ।

**

नैन सलोने अधर मधु, कहि रहीम घटि कौन।

मीठो भावै लोन पर, अरु मीठे पर लौन।

**

पन्ध्नग बेलि पतिव्रता, रति सम सुनो सुजान।

हिम रहीम बेली दही, सत जोजन दहियान।

**

परि रहिबो मरिबो भलो, सहिबो कठिन कलेस।
बामन है बलि को छल्यो, भलो दियो उपदेस।

**

पसरि पत्र झँपहि पितहिं, सकुचि देत ससि सीत।
कहु रहीम कुल कमल के, को बैरी को मीत।

**

पात पात को सींचिबो, बरी बरी को लौन।
रहिमन ऐसी बुद्धि को, कहो बरैगो कौन।

**

पावस देखि रहीम मन, कोइल साधे मौन।
अब दादुर बक्ता भए, हमको पूछत कौन।

**

पिय बियोग तें दुसह दुख, सूने दुख ते अंत।
होत अंत ते फिर मिलन, तोरि सिधाए कंत।

**

पुरुष पूजें देवरा, तिय पूजें रघुनाथ।
कहँ रहीम दोउन बनै, पँड़ो बैल को साथ।

**

प्रीतम छबि नैनन बसी, पर छवि कहाँ समाय।

भरी सराय रहीम लखि, पथिक आप फिर जाय।

**

प्रेम पंथ ऐसो कठिन, सब कोउ निबहत नाहिं।

रहिमन मैन–तुरंग चढ़ि, चलिबो पाठक माहिं।

**

फरजी सह न ह्य सकै, गति टेढ़ी तासीर।

रहिमन सीधे चालसों, प्यादो होत वजीर।

**

बड़ माया को दोष यह, जो कबहूँ घटि जाय।

तो रहीम मरिबो भलो, दुख सहि जिय बलाय।

**

बड़े दीन को दुख सुनो, लेत दया उर आनि।

हरि हाथी सो कब हुतो, कहु रहीम पहिचानि।

**

बड़े पेट के भरन को, है रहीम दुख बाढ़ि।

यातें हाथी हरि कै, दयो दाँत द्वै काढ़ि।

**

बड़े बड़ाई नहिं तजैं, लघु रहीम इतराइ।

राइ करौंदा होत है, कटहर होत न राइ।

**

बड़े बड़ाई ना करैं, बड़ो न बोलैं बोल।

रहिमन हीरा कब कहै, लाख टका मेरो मोल।

**

बढ़त रहीम धनाढ्य धन, धनौ धनी को जाइ।

घटै बढ़ै बाको कहा, भीख माँगि जो खाइ।

**

बसि कुसंग चाहत कुसल, यह रहीम जिय सोस।

महिमा घटी समुद्र की, रावन बस्यो परोस।

बाँकी चितवन चित चढ़ी, सूधी तौ कछु धीम।

गाँसी ते बढ़ि होत दुख, काढ़ि न कढ़त रहीम।

**

बिगरी बात बनै नहीं, लाख करौ किन कोय।

रहिमन फाटे दूध को, मथे न माखन होय।

**

बिपति भए धन ना रहे, रहे जो लाख करोर।

नभ तारे छिपि जात हैं, ज्ध्यों रहीम भए भोर।

**

भजौं तो काको मैं भजौं, तजौं तो काको आन।

भजन तजन ते बिलग हैं, तेहि रहीम तू जान।

**

भलो भयो घर ते छुट्यो, हँस्यो सीस परिखेत।

काके काके नवत हम, अपन पेट के हेत।

**

भार झोंकि के भार में, रहिमन उतरे पार।

पै बूड़े मझधार में, जिनके सिर पर भार।

**

भावी काहू ना दही, भावी दह भगवान।

भावी ऐसी प्रबल है, कहि रहीम यह जान।

**

भावी या उनमान को, पांडव बनहि रहीम।

जदपि गौरि सुनि बाँझ है, बरु है संभु अजीम।

**

भीत गिरी पाखान की, अररानी वहि ठाम।

अब रहीम धोखो यहै, को लागै केहि काम।

**

भूप गनत लघु गुनिन को, गुनी गनत लघु भूप।

रहिमन गिर तें भूमि लौं, लखों तो एकै रूप।

**

मथत मथत माखन रहै, दही मही बिलगाय।

रहिमन सोई मीत है, भीर परे ठहराय।

**

मनिसिज माली की उपज, कहि रहीम नहिं जाय।
फल श्यामा के उर लगे, फूल श्याम उर आय।

**

मन से कहाँ रहिम प्रभु, दृग सो कहाँ दिवान।
देखि दृगन जो आदरै, मन तेहि हाथ बिकान।

**

मंदन के मरिहू गये, औगुन गुन न सिराहिं।
ज्यों रहीम बाँधहु बँधे, मराह ह्वै अधिकाहिं।

**

मनि मनिक महँगे किये, ससतो तृन जल नाज।
याही ते हम जानियत, राम गरीब निवाज।

**

महि नभ सर पंजर कियो, रहिमन बल अवसेष।
सो अर्जुन बैराट घर, रहे नारि के भेष।

**

माँगे घटत रहीम पद, कितौ करौ बढ़ि काम।
तीन पैग बसुधा करो, तऊ बावनै नाम।

**

माँगे मुकरि न को गयो, केहि न त्यागियो साथ।

माँगत आगे सुख लह्यो, ते रहीम रघुनाथ।

**

मान सरोवर ही मिले, हंसनि मुक्ता भोग।

सफरिन भरे रहीम सर, बक–बालकनहिं जोग।

**

मान सहित विष खाय के, संभु भये जगदीस।

बिना मान अमृत पिये, राहु कटायो सीस।

**

माह मास लहि टेसुआ, मीन परे थल और।

त्यों रहीम जग जानिये, छुटे आपुने ठौर।

**

मीन कटि जल धोइये, खाये अधिक पियास।

रहिमन प्रीति सराहिये, मुयेउ मीन कै आस।

**

मुकता कर करपूर कर, चातक जीवन जोय।

एतो बड़ो रहीम जल, ब्याल बदन विष होय।

**

मुनि नारी पाषान ही, कपि पसु गुह मातंग।

तीनों तारे राम जू, तीनों मेरे अंग।

**

मूढ़ मंडली में सुजन, ठहरत नहीं बिसेषि।

स्याम कचन में सेत ज्यों, दूरि कीजिअत देखि।

**

यह न रहीम सराहिये, देन लेन की प्रीति।

प्रानन बाजी राखिये, हारि होय कै जीति।

**

यह रहीम निज संग लै, जनमत जगत न कोय।

बैर, प्रीति, अभ्यास, जस, होत होत ही होय।

**

यह रहीम मानै नहीं, दिल से नवा जो होय।

चीता, चोर, कमान के, नये ते अवगुन होय।

**

याते जान्यो मन भयो, जरि बरि भस्म बनाय।

रहिमन जाहि लगाइये, सो रूखो वै जाय।

**

ये रहीम फीके दुवौ, जानि महा संतापु।

ज्यों तिय कुच आपुन गहे, आप बड़ाई आपु।

**

ये रहीम दर–दर फिरै, माँगि मधुकरी खाहिं।

यारो यारी छाँडि देउ, वे रहीम अब नाहिं।

**

यों रहीम गति बड़ेन की, ज्यों तुरंग व्ध्यवहार।

दाग दिवावत आपु तन, सही होत असवार।

**

यों रहीम तन हाट में, मनुआ गयो बिकाय।

ज्यों जल में छाया परे, काया भीतर नॉय।

**

यों रहीम सुख दुख सहत, बड़े लोग सह साँति।

उवत चंद जेहि भाँति सो, अथवत ताही भाँति।

**

रन, बन, ब्याधि, विपत्ति में, रहिमन मरै न रोय।

जो रच्छक जननी जठर, सो हरि गये कि सोय।

**

रहिमन अती न कीजिये, गहि रहिये निज कानि।

सैजन अति फूले तऊ डार पात की हानि।

**

रहिमन अपने गोत को, सबै चहत उत्साह।

मृग उछरत आकाश को, भूमी खनत बराह।

**

रहिमन अपने पेट सौ, बहुत कह्यो समुझाय।

जो तू अन खाये रहे, तासों को अनखाय।

**

रहिमन अब वे बिरछ कहँ, जिनकी छाँह गंभीर।

बागन बिच बिच देखिअत, सेंहुड़, कुंज, करीर।

**

रहिमन असमय के परे, हित अनहित ह्वै जाय।

बधिक बधै मृग बानसों, रुधिरे देत बताय।

**

रहिमन अँसुआ नैन ढरि, जिय दुख प्रगट करेइ।

जाहि निकारो गेह ते, कस न भेद कहि देइ।

**

रहिमन आँटा के लगे, बाजत है दिन राति।

घिउ शक्कर जे खात हैं, तिनकी कहा बिसाति।

**

रहिमन उजली प्रकृत को, नहीं नीच को संग।

करिया बासन कर गहे, कालिख लागत अंग।

**

रहिमन एक दिन वे रहे, बीच न सोहत हार।

वायु जो ऐसी बह गई, वीचन परे पहार।

**

रहिमन ओछे नरन सों, बैर भलो ना प्रीति।

काटे चाटै स्वान के, दोऊ भाँति विपरीति।

**

रहिमन कठिन चितान ते, चिंता को चित चेत।

चिता दहति निर्जीव को, चिंता जीव समेत।

**

रहिमन कबहुँ बड़ेन के, नाहिं गर्व को लेस।

भार धरैं संसार को, तऊ कहावत सेस।

**

रहिमन करि सम बल नहीं, मानत प्रभु की धाक।

दाँत दिखावत दीन वै, चलत घिसावत नाक।

**

रहिमन कहत सुपेट सों, क्यों न भयो तू पीठ।

रहते अनरीते करै, भरे बिगारत दीठ।

**

रहिमन कुटिल कुठार ज्यों, करत डारत द्वै टूक।

चतुरन के कसकत रहे, समय चूक की हूक।

**

रहिमन को कोउ का करै, ज्वारी, चोर, लबार।

जो पति–राखनहार हैं, माखन–चाखनहार।

**

रहिमन खोजे ऊख में, जहाँ रसन की खानि।

जहाँ गाँठ तहँ रस नहीं, यही प्रीति में हानि।

**

रहिमन खोटी आदि की, सो परिनाम लखाय।

जैसे दीपक तम भखै, कज्जल वमन कराय।

**

रहिमन गली है साँकरी, दूजो ना ठहराहिं।

आपु अहै तो हरि नहीं, हरि तो आपुन नाहिं।

**

रहिमन घरिया रहँट की, त्घ्यों ओछे की डीठ।

रीतिहि सनमुख होत है, भरी दिखावै पीठ।

**

रहिमन चाक कुम्हार को, माँगे दिया न देइ।

छेद में डंडा डारि कै, चहै नाँद लै लेइ।

**

रहिमन छोटे नरन सो, होत बड़ो नहीं काम।

मढ़ो दमामो ना बने, सौ चूहे के चाम।

**

रहिमन जगत बड़ाई की, कूकुर की पहिचानि।

प्रीति करै मुख चाटई, बैर करे तन हानि।

**

रहिमन जग जीवन बड़े, काहु न देखे नैन।

जाय दशानन अछत ही, कपि लागे गथ लेन।

**

रहिमन जाके बाप को, पानी पिअत न कोय।

ताकी गैल आकाश लौं, क्यो न कालिमा होय।

**

रहिमन जा डर निसि परै, ता दिन डर सिय कोय।

पल पल करके लागते, देखु कहाँ धौं होय।

**

रहिमन जिह्वा बावरी, कहि गइ सरग पताल।

आपु तो कहि भीतर रही, जूती खात कपाल।

**

रहिमन जो तुम कहत थे, संगति ही गुन होय।

बीच उखारी रमसरा, रस काहे ना होय।

**

रहिमन जो रहिबो चहै, कहै वाहि के दाँव।
जो बासर को निस कहै, तौ कचपची दिखाव।

**

रहिमन ठहरी धूरि की, रही पवन ते पूरि।
गाँठ युक्ति की खुलि गई, अंत धूरि को धूरि।

**

रहिमन तब लगि ठहरिए, दान मान सनमान।
घटत मान देखिय जबहिं, तुरतहि करिय पयान।

**

रहिमन तीन प्रकार ते, हित अनहित पहिचानि।
पर बस परे, परोस बस, परे मामिला जानि।

**

रहिमन तीर की चोट ते, चोट परे बचि जाय।
नैन बान की चोट ते, चोट परे मरि जाय।

**

रहिमन थोरे दिनन को, कौन करे मुँह स्घ्याह।
नहीं छलन को परतिया, नहीं करन को ब्याह।

**

रहिमन दानि दरिद्र तर, तऊ जाँचबे योग।

ज्यों सरितन सूखा परे, कुआँ खनावत लोग।

**

रहिमन दुरदिन के परे, बड़ेन किए घटि काज।

पाँच रूप पांडव भए, रथवाहक नल राज।

**

रहिमन देखि बड़ेन को, लघु न दीजिए डारि।

जहाँ काम आवे सुई, कहा करे तलवारि।

**

रहिमन धागा प्रेम का, मत तोड़ो छिटकाय।

टूटे से फिर ना मिले, मिले गाँठ परि जाय।

**

रहिमन धोखे भाव से, मुख से निकसे राम।

पावत पूरन परम गति, कामादिक को धाम।

**

रहिमन निज मन की बिथा, मन ही राखो गोय।

सुनि अठिलैहैं लोग सब, बाँटि न लैहैं कोय।

**

रहिमन निज संपति बिना, कोउ न बिपति सहाय।

बिनु पानी ज्यों जलज को, नहिं रवि सकै बचाय।

**

रहिमन नीचन संग बसि, लगत कलंक न काहि।

दूध कलारी कर गहे, मद समुझै सब ताहि।

**

रहिमन नीच प्रसंग ते, नित प्रति लाभ विकार।

नीर चोरावै संपुटी, मारु सहै घरिआर।

**

रहिमन पर उपकार के, करत न यारी बीच।

मांस दियो शिवि भूप ने, दीन्हों हाड़ दधीच।

**

रहिमन पानी राखिये, बिनु पानी सब सून।

पानी गए न ऊबरै, मोती, मानुष, चून।

**

रहिमन प्रीति न कीजिए, जस खीरा ने कीन।

ऊपर से तो दिल मिला, भीतर फाँकें तीन।

**

रहिमन पेटे सों कहत, क्यों न भये तुम पीठि।

भूखे मान बिगारहु, भरे बिगारहु दीठि।

**

रहिमन पैंड़ा प्रेम को, निपट सिलसिली गैल।

बिछलत पाँव पिपीलिका, लोग लदावत बैल।

**

रहिमन प्रीति सराहिए, मिले होत रँग दून।
ज्यों जरदी हरदी तजै, तजै सफेदी चून।

**

रहिमन ब्याह बिआधि है, सकहु तो जाहु बचाय।
पायन बेड़ी पड़त है, ढोल बजाय बजाय।

**

रहिमन बहु भेषज करत, ब्याधि न छाँड़त साथ।
खग मृग बसत अरोग बन, हरि अनाथ के नाथ।

**

रहिमन बात अगम्य की, कहन सुनन को नाहिं।
जे जानत ते कहत नाहिं, कहत ते जानत नाहिं।

**

रहिमन बिगरी आदि की, बनै न खरचे दाम।
हरि बाढ़े आकाश लौं, तऊ बावनै नाम।

**

रहिमन भेषज के किए, काल जीति जो जात।
बड़े बड़े समरथ भए, तौ न कोउ मरि जात।

**

रहिमन मनहिं लगाइ के, देखि लेहु किन कोय।

नर को बस करिबो कहा, नारायण बस होय।

**

रहिमन मारग प्रेम को, मत मतिहीन मझाव।

जो डिगिहै तो फिर कहूँ, नहिं धरने को पाँव।

**

रहिमन माँगत बड़ेन की, लघुता होत अनूप।

बलि मख माँगत को गए, धरि बावन को रूप।

**

रहिमन यहि न सराहिये, लैन दैन कै प्रीति।

प्रानहिं बाजी राखिये, हारि होय कै जीति।

**

रहिमन यहि संसार में, सब सौं मिलिये धाइ।

ना जानैं केहि रूप में, नारायण मिलि जाइ।

**

रहिमन याचकता गहे, बड़े छोट वै जात।

नारायन हू को भयो, बावन आँगुर गात।

**

रहिमन या तन सूप है, लीजै जगत पछोर।

हलुकन को उड़ि जान दै, गरुए राखि बटोर।

**

रहिमन यों सुख होत है, बढ़त देखि निज गोत।

ज्यों बड़री अँखियाँ निरखि, आँखिन को सुख होत।

**

रहिमन रजनी ही भली, पिय सों होय मिलाप।

खरो दिवस किहि काम को रहिबो आपुहि आप।

**

रहिमन रहिबो वा भलो, जो लौं सील समूच।

सील ढील जब देखिए, तुरत कीजिए कूच।

**

रहिमन रहिला की भली, जो परसै चित लाय।

परसत मन मैलो करे, सो मैदा जरि जाय।

**

रहिमन राज सराहिए, ससिसम सूखद जो होय।

कहा बापुरो भानु है, तपै तरैयन खोय।

**

रहिमन राम न उर धरै, रहत विषय लपटाय।

पसु खर खात सवादसों, गुर गुलियाए खाय।

**

रहिमन रिस को छाँड़ि कै, करौ गरीबी भेस।

मीठो बोलो नै चलो, सबै तुम्हारो देस।

**

रहिमन रिस सहि तजत नहीं, बड़े प्रीति की पौरि।

मूकन मारत आवई, नींद बिचारी दौरी।

**

रहिमन रीति सराहिए, जो घट गुन सम होय।

भीति आप पै डारि कै, सबै पियावै तोय।

**

रहिमन लाख भली करो, अगुनी अगुन न जाय।

राग सुनत पय पिअत हू, साँप सहज धरि खाय।

**

रहिमन वहाँ न जाइये, जहाँ कपट को हेत।

हम तन ढारत ढेकुली, सींचत अपनो खेत।

**

रहिमन वित्त अधर्म को, जरत न लागै बार।

चोरी करी होरी रची, भई तनिक में छार।

**

रहिमन विद्या बुद्धि नहिं, नहीं धरम, जस, दान।

भू पर जनम वृथा धरै, पसु बिनु पूँछ बिषान।

**

रहिमन बिपदाहू भली, जो थोरे दिन होय।

हित अनहित या जगत में, जानि परत सब कोय।

**

रहिमन वे नर मर चुके, जे कहुँ माँगन जाहिं।

उनते पहिले वे मुए, जिन मुख निकसत नाहिं।

**

रहिमन सीधी चाल सों, प्यादा होत वजीर।

फरजी साह न हुइ सकै, गति टेढ़ी तासीर।

**

रहिमन सुधि सबतें भली, लगै जो बारंबार।

बिछुरे मानुष फिरि मिलें, यहै जान अवतार।

**

रहिमन सो न कछू गनै, जासों, लागे नैन।

सहि के सोच बेसाहियो, गयो हाथ को चौन।

**

राम नाम जान्यो नहीं, भइ पूजा में हानि।

कहि रहीम क्यों मानिहैं, जम के किंकर कानि।

**

राम नाम जान्यो नहीं, जान्यो सदा उपाधि।

कहि रहीम तिहिं आपुनो, जनम गँवायो बादि।

**

रीति प्रीति सब सों भली, बैर न हित मित गोत।

रहिमन याही जनम की, बहुरि न संगति होत।

**

रूप, कथा, पद, चारु, पट, कंचन, दोहा, लाल।

ज्यों ज्यों निरखत सूक्ष्मगति, मोल रहीम बिसाल।

**

रूप बिलोकि रहीम तहँ, जहँ जहँ मन लगि जाय।

थाके ताकहिं आप बहु, लेत छौड़ाय छोड़ाय।

**

रोल बिगाड़े राज नै, मोल बिगाड़े माल।

सनै सनै सरदार की, चुगल बिगाड़े चाल।

**

लालन मैन तुरंग चढ़ि, चलिबो पावक माँहिं।

प्रेम–पंथ ऐसो कठिन, सब कोउ निबहत नाहिं।

**

लिखी रहीम लिलार में, भई आन की आन।

पद कर काटि बनारसी, पहुँचे मगरु स्थान।

**

लोहे की न लोहार का, रहिमन कही विचार।

जो हनि मारे सीस में, ताही की तलवार।

**

बरु रहीम कानन भलो, बास करिय फल भोग।

बंधु मध्य धनहीन वै बसिबो उचित न योग।

**

बहै प्रीति नहिं रीति वह, नहीं पाछिलो हेत।

घटत घटत रहिमन घटै, ज्यों कर लीन्हें रेत।

**

बिधना यह जिय जानि कै, सेसहि दिये न कान।

धरा मे सब डोलि हैं, तानसेन के तान।

**

बिरह रूप धन तम भयो, अवधि आस उद्योत।

ज्यों रहीम भादों निसा, चमकि जात खद्योत।

**

वे रहीम नर धन्य हैं, पर उपकारी अंग।

बाँटनेवारे को लगे, ज्यों मेंहदी को रंग।

**

सदा नगारा कूच का, बाजत आठों जाम।

रहिमन या जग आइ कै, को करि रहा मुकाम।

**

सब को सब कोऊ करै, कै सलाम कै राम।

हित रहीम तब जानिए, जब कछु अटकै काम।

**

सबै कहावै लसकरी, सब लसकर कहँ जाय।

रहिमन सेल्ह जोई सहै, सो जागीरैं खाय।

**

समय दसा कुल देखि कै, सबै करत सनमान।

रहिमन दीन अनाथ को, तुम बिन को भगवान।

**

समय परे ओछे बचन, सब के सहै रहीम।

सभा दुसासन पट गहे, गदा लिए रहे भीम।

**

समय पाय फल होत है, समय पाय झरि जाय।

सदा रहे नहिं एक सी, का रहीम पछिताय।

**

असमय लाभ सम लाभ नहिं, समय चूक सम चूक।

चतुरन चित रहिमन लगी, समय चूक की हूक।

**

सरवर के खग एक से, बाढ़त प्रीति न धीम।

पै मराल को मानसर, एक ठौर रहीम।

**

सर सूखे पच्छी उड़ै, औरे सरन समाहिं।

दीन मीन बिन पच्छ के, कहु रहीम कहँ जाहिं।

**

स्वारथ रचन रहीम सब, औगुनहू जग माँहि।

बड़े बड़े बैठे लखौ, पथ रथ कूबर छाँहि।

**

स्वासह तुरिय उच्चरै, तिय है निहचल चित्त।

पूत परा घर जानिए, रहिमन तीन पवित्त।

**

साधु सराहै साधुता, जती जोखिता जान।

रहिमन साँचौ सूर को, बैरी करै बखान।

**

सौदा करो सो करि चलौ, रहिमन याही बाट।

फिर सौदा पैहो नहीं, दूरी जान है बाट।

**

संतत संपति जानि कै, सब को सब कुछ देत।
दीनबंधु बिनु दीन की, को रहीम सुधि लेत।

**

संपति भरम गँवाइ कै, हाथ रहत कछु नाहिं।
ज्यों रहीम ससि रहत है, दिवस अकासहिं माहिं।

**

ससि की सीतल चाँदनी, सुंदर, सबहिं सुहाय।
लगे चोर चित में लटी, घटी रहीम मन आय।

**

ससि, सुकेस, साहस, सलिल, मान सनेह रहीम।
बढ़त बढ़त बढ़ि जात हैं, घटत घटत घटि सीम।

**

सीत हरत, तम हरत नित, भुवन भरत नहिं चूक।
रहिमन तेहि रबि को कहा, जो घटि लखै उलूक।

**

हरि रहीम ऐसी करी, ज्यों कमान सर पूर।
खैंचि अपनी ओर को, डारि दियो पुनि दूर।

**

हरी हरी करुना करी, सुनी जो सब ना टेर।

जब डग भरी उतावरी, हरी करी की बेर।

**

हित रहीम इतऊ करै, जाकी जिती बिसात।

नहिं यह रहै न वह रहै, रहै कहन को बात।

**

होत कृपा जो बड़ेन की सो कदाचि घटि जाय।

तौ रहीम मरिबो भलो, यह दुख सहो न जाय।

**

होय न जाकी छाँह ढिग, फल रहीम अति दूर।

बढ़िहू सो बिनु काज ही, जैसे तार खजूर।

**

सोरठा

ओछे को सतसंग, रहिमन तजहु अँगार ज्यों।

तातो जारै अंग, सीरो पै करो लगै।

**

रहिमन कीन्हीं प्रीति, साहब को भावै नहीं।

जिनके अगनित मीत, हमैं गीरबन को गनै।

**

रहिमन जग की रीति, मैं देख्यो रस ऊख में।

ताहू में परतीति, जहाँ गाँठ तहँ रस नहीं।

**

जाके सिर अस भार, सो कस झोंकत भार अस।

रहिमन उतरे पार, भार झोंकि सब भार में।

**

रहिमन नीर पखान, बूड़ै पै सीझै नहीं।

तैसे मूरख ज्ञान, बूझै पै सूझै नहीं।

**

रहिमन बहरी बाज, गगन चढ़ै फिर क्यों तिरै।

पेट अधम के काज, फेरि आय बंधन परै।

**

रहिमन मोहि न सुहाय, अमी पिआवै मान बिनु।

बरु विष देय, बुलाय, मान सहित मरिबो भलो।

**

बिंदु मों सिंधु समान को अचरज कासों कहै।

हेरनहार हेरान, रहिमन अपुने आप त।

**

चूल्हा दीन्हो बार, नात रह्यो सो जरि गयो।

रहिमन उतरे पार, भर झोंकि सब भार में।

**

5

मदनाष्टक / रहीम

शरद–निशि निशीथे चाँद की रोशनाई ।

सघन वन निकुंजे वंशी बजाई ।।

रति, पति, सुत, निद्रा, साइयाँ छोड़ भागी ।

मदन–शिरसि भूयरू क्या बला आन लागी ।।1।।

**

कलित ललित माला या जवाहिर जड़ा था ।

चपल चखन वाला चाँदनी में खड़ा था ।।

कटि–तट बिच मेला पीत सेला नवेला ।

अलि बन अलबेला यार मेरा अकेला ।। 2।।

दृग छकित छबीली छैलरा की छरी थी ।।

मणि जटित रसीली माधुरी मूँदरी थी ।।

अमल कमल ऐसा खूब से खूब देखा ।

कहि सकत न जैसा श्याम का हस्त देखा ।। 3।।

**

कठिन कुटिल कारी देख दिलदार जुलफे ।

अलि कलित बिहारी आपने जी की कुलफें ।।

सकल शशिकला को रोशनी–हीन लेखौं ।

अहह! ब्रजलला को किस तरह फेर देखौं ।। 4।।

**

जरद बसन–वाला गुल चमन देखता था ।

झुक झुक मतवाला गावता रेखता था ।।

श्रुति युग चपला से कुण्डलें झूमते थे ।

नयन कर तमाशे मस्त वै घूमते थे ।। 5।।

**

तरल तरनि सी हैं तीर सी नोकदारैं ।

अमल कमल सी हैं दीर्घ हैं दिल बिदारैं ।।

मधुर मधुप हेरैं माल मस्ती न राखें ।
विलसति मन मेरे सुंदरी श्याम आँखें ।।
भुजंग जुग किधौं हैं काम कमनैत सोहैं ।। 6।।
नटवर! तव मोहैं बाँकुरी मान भौंहें ।।
सुनु सखि! मृदु बानी बेदुरुस्ती अकिल में ।
सरल सरल सानी कै गई सार दिल में ।। 7।।

**

पकरि परम प्यारे साँवरे को मिलाओ ।
असल समृत प्याला क्यों न मुझको पिलाओ ।।
इति वदति पठानी मनमथांगी विरागी ।
मदन शिरसि भूयय क्ध्या बला आन लागी ।। 8।।

**

फलित ललित माला वा जवाहिर जड़ा था ।
चपल चखन वाला चान्दनी में खड़ा था ।।
कटि तट बिच मेला पीत सेला नवेला।
अली, बन अलबेला यार मेरा अकेला ।। 9।।

**

6

बरवै नायिका–भेद

(दोहा)

कवित कह्यो दोहा कह्यो, तुलै न छप्प्य।।
बिरच्या् यहै विचार कै, यह बरवैरस कंद।। 1।।

(मंगलाचरण)

बंदौ देवि सरदवा, पद कर जोरि।
बरनत काव्यस बरैवा, लगै न खोरि।। 2।।

(उत्त्मा)

लखि अपराध पियरवा, नहिं रिस कीन।
बिहँसत चनन चउकिया, बैठक दीन।। 3।।

(मध्यनमा)

बिनुगुन पिय–उर हरवा, उपट्यो हेरि।
चुप वै चित्र पुतरिया, रहि मुख फेरि।। 4।।

(अधमा)

बेरिहि बेर गुमनवा, जनि करु नारि।
मानिक औ गजमुकुता, जौ लगि बारि।।5।।

(स्व कीया)

रहत नयन के कोरवा, चितवनि छाय।
चलत न पग–पैजनियॉ, मग अहटाय।।6।।

(मुग्धाम)

लहरत लहर लहरिया, लहर बहार।
मोतिन जरी किनरिया, बिथुरे बार।।7।।
लागे आन नवेलियहि, मनसिज बान।
उसकन लाग उरोजवा दृग तिरछान।।8।।

(अज्ञातयौवना)

कवन रोग दुहुँ छतिया, उपजे आय।
दुखि दुखि उठै करेजवा, लगि जनु जाय।।9।।

(ज्ञातयौवना)

औचक आइ जोबनवाँ, मोहि दुख दीन।
छुटिगो संग गोइअवॉ नहि भल कीन।।10।।

(नवोढ़ा)

पहिरति चूनि चुनरिया, भूषन भाव।
नैननि देत कजरवा, फूलनि चाव।।11।।

(विश्रब्धर नवोढ़ा)

जंघन जोरत गोरिया, करत कठोर।
छुअन न पावै पियवा, कहुँ कुच–कोर।।12।।

(मध्यतमा)

ढीलि आँख जल अँचवत, तरुनि सुभाय।
धरि खसिकाइ घइलना, मुरि मुसुकाय।।13।।

(प्रौढ़ रतिप्रीता)

भोरहि बोलि कोइलिया, बढ़वति ताप।
घरी एक घरि अलवा, रह चुपचाप।।14।।

(परकीया)

सुनि सुनि कान मुरलिया, रागन भेद।
गैल न छाँड़त गोरिया, गनत न खेद।।15।।

(ऊढ़ा)

निसु दिन सासु ननदिया, मुहि घर हेर।
सुनन न देत मुरलिया मधुरी टेर।।16।।

(अनूढ़ा)

मोहि बर जोग कन्हैाया लागौं पाय।
तुहु कुल पूज देवतवा, होहु सहाय।।17।।

(भूत सुरति–संगोपना)

चूनत फूल गुलबवा डार कटील।
टुटिगा बंद अँगियवा, फटि पट नील।।18।।

आयेसि कवनेउ ओरवा, सुगना सार।
परिगा दाग अधरवा, चोंच चोटार।।19।।

(वर्तमान सुरति–गोपना)

मं पठयेउ जिहि मकवॉ, आयेस साध।
छुटिगा सीस को जुरवा, कसि के बाँध।।20।।
मुहि तुहि हरबर आवत, भा पथ खेद।
रहि रहि लेत उससवा, बहत प्रसेद।।21।।

(भविष्यत सुरति–गोपनान)

होइ कत आइ बदरिया, बरखहि पाथ।
जैहौं घन अमरैया, सुगना साथ।।22।।
जैहौं चुनन कुसुमियॉ, खेत बडि दूर।
नौआ केर छोहरिया, मुहि सँग कूर।।23।।

(क्रिया–विदग्धान)

बाहिर लैके दियवा, बारन जाय।
सासु ननद ढिग पहुँचत, देत बुझाय।।24।।

(वचन–विदग्धाग)

तनिक सी नाक नथुनिया, मित हित नीक।

कहिति नाक पहिरावहु, चित दै सींक।।25।।

(लक्षिता)

आजु नैन के कजरा, औरे भाँत।

नागर नहे नवेलिया, सुदिने जात।।26।।

(अन्य –सुरति–दुःखिता)

बालम अस मन मिलियउँ, जस पय पानि।

हँसिनि भइल सवतिया, लइ बिलगानि।।27।।

(संभोग–दुःखिता)

मैं पठयउ जिहि कमवाँ, आयसि साध।

छुटिगो सीस को जुरवा, कसि के बाँधि।।28।।

मुहि तुहि हरबत आवत, भव पथ खेद।

रहि रहि लेत उससवा, बहत प्रसेद।।29।।

(प्रेम–गर्विता)

आपुहि देत जवकवा, गूँदत हार।

चुनि पहिराव चुनरिया, प्रानअधार।।30।।

अवरन पाय जवकवा, नाइन दीन।

मुहि पग आगर गोरिया, आनन कीन।।31।।

(रूप–गर्विता)

खीन मलिन बिखभैया, औगुन तीन।

मोहिं कहत विधुबदनी, पिय मतिहीन।।32।।

दातुल भयसि सुगरुवा, निरस पखान।

यह मधु भरल अधरवा, करसि गुमान।।33।।

(प्रथम अनुशयना, भावी–संकेतनष्टार)

धीरज धरु किन गोरिया करि अनुराग।

जात जहाँ पिय देसवा, घन बन बाग।। 34।।

जनि मः रोय दुलहिया, कर मन ऊन।

सघन कुंज ससुररिया, औ घर सून।।35।।

(द्वितीय अनुशयना, संकेत–विघट्टना)

जमुना तीर तनिअहि लखि भो सूल।

झरिगो रूख बेइलिया, फुलत न फूल।।36।।

ग्रीषम दवत दवरिया, कुंज कुटीर।

तिमि तिमि तकत तनिअहिं, बाढ़ी पीर।।37।।

(तृतीय अनुशयना, रमणगमना)

मितवा करत बँसुरिया, सुमन सपात।

फिरि फिरि तकत तनिया, मन पछतात।।38।।

मित उत तें फिरि आयेउ, देखु न राम।

मैं न गई अमरैया, लहेउ न काम।।39।।

(मुदिता)

नेवते गइल ननदिया, मैके सासु।

दुलहिनि तोरि खबारिया, आवै आँसु।।40।।

जैहौं काल नेवतवा, भा दुःख दून।

गॉव करेसि रखवरिया, सब घर सून।।41।।

(कुलटा)

जस मद मातल हथिया, हुमकत जात।
चितवत जात तनिया, मन मुसकात।।42।।
चितवत ऊँच अटरिया, दहिने बाम।
लाखन लखत विछियवा, लखी सकाम।।43।।

(सामान्या गणिका)

लखि लखि धनिक नयकवा बनवत भेष।
रहि गइ हेरि अरसिया कजरा रेख।।44।।

(मुग्धति प्रोषितपतिका)

कासो कहौ सँदेसवा, पिय परदेसु।
लागेहु चइत न फले तेहि बन टेसु।।45।।

(मध्यात प्रोषितपतिका)

का तुम जुगुल तिरियवा, झगरति आय।
पिय बिन मनहुँ अटरिया, मुहि न सुहाय।।46।।

(प्रौढ़ा प्रोषितपतिका)

तैं अब जासि बेइलिया, बरु जरि मूल।
बिनु पिय सूल करेजवा, लखि तुअ फूल।।47।।
या झर में घर घर में, मदन हिलोर।
पिय नहिं अपने कर में, करमै खोर।।48।।

(मुग्धाप खंडिता)

सखि सिख मान नवेलिया, कीन्होसि मान।

पिय बिन कोपभवनवा, ठानेसि ठान।।49।।

सीस नवायँ नवेलिया, निचवइ जोय।

छिति खबि, छोर छिगुरिया, सुसुकति रोय।।50।।

गिरि गइ पीय पगरिया, आलस पाइ।

पवढ़हु जाइ बरोठवा, सेज डसाइ।।51।।

पोछहु अधर कजरवा, जावक भाल।

उपजेउ पीतम छतिया, बिनु गुन माल।।52।।

(प्रौढ़ा खंडिता)

पिय आवत अँगनैया, उठि कै लीन।

साध्थे चतुर तिरियवा, बैठक दीन।।53।।

पवढ़हु पीय पलँगिया, मींजहुँ पाय।

रैनि जगे कर निंदिया, सब मिटि जाय।।54।।

(परकीया खंडिता)

जेहि लगि सजन सनेहिया, छुटि घर बार।

आपन हित परिवरवा, सोच परार।।55।।

(गणिका खंडिता)

मितवा ओठ कजरवा, जावक भाल।

लियेसि काढ़ि बइरिनिया, तकि मनिमाल।।56।।

(मुग्धाज कलहांतरिता)

आयेहु अबहिं गवनवा, जुरुते मान।

अब रस लागिगिहि गोरिअहि, मन पछतान।।57।।

(मग्ध कलहांतरिता)

मैं मतिमंद तिरियवा, परिलिउँ भोर।

तेहि नहिं कंत मनउलेउँ, तेहि कछु खोर।।58।।

(प्रौढ़ा कलहांतरिता)

थकि गा करि मनुहरिया, फिरि गा पीय।

मैं उठि तुरति न लायेउँ, हिमकर हीय।।59।।

(परकीया कलहांतरिता)

जेहि लगि कीन बिरोधवा, ननद जिठानि।

रखिउँ न लाइ करेजवा, तेहि हित जानि।।60।।

(गणिका कलहांतरिता)

जिहि दीन्हेलउ बहु बिरिया, मुहि मनिमाल।

तिहि ते रूठेउँ सखिया, फिरि गे लाल।।61।।

(मुग्धाठ विप्रलब्धाा)

लखे न कंत सहेटवा, फिरि दुबराय।

धनिया कमलबदनिया, गइ कुम्हिलाय।।62।।

(मध्याब विप्रलब्धाइ)

देखि न केलि–भवनवा, नंदकुमार।

लै लै ऊँच उससवा, भइ बिकरार।।63।।

(प्रौढ़ा विप्रलब्धान)

देखि न कंत सहेटवा, भा दुख पूर।

भौ तन नैन कजरवा, होय गा झूर। ।64 । ।

(परकीया विप्रलब्धा)

बैरिन भा अभिसरवा, अति दुख दानि।

प्रातउ मिलेउ न मितवा, भइ पछितानि। ।65 । ।

(गणिका विप्रलब्धात)

करिकै सोरह सिंगरवा, अतर लगाइ।

मिलेउ न लाल सहेटवा, फिरि पछिताई। ।66 । ।

(मुग्धाल उत्कं,ठिता)

भा जुग जाम जमिनिया, पिय नहिं जाय।

राखेउ कवन सवतिया, रहि बिलमाय। ।67 । ।

(मध्या उत्कंठिता)

जोहत तीय अँगनवा, पिय की बाट।

बेचेउ चतुर तिरियवा, केहि के हाट। ।68 । ।

(प्रौढ़ा उत्कांठिता)

पिय पथ हेरत गोरिया, भा भिनसार।

चलहु न करिहि तिरियवा, तुअ इतबार। ।69 । ।

(परकीया उत्कंठिता)

उठि उठि जात खिरिकिया, जोहत बाट।

कतहुँ न आवत मितवा, सुनि सुनि खाट। ।70 । ।

(गणिका उत्कंवठिता)

कठिन नींद भिनुसरवा, आलस पाइ।

धन दै मूरख मितवा, रहल लोभाइ।।71।।

(मुग्धा वासकसज्जार)

हरुए गवन नबेलिया, दीठि बचाइ।

पौढ़ी जाइ पलँगिया, सेज बिछाइ।।72।।

(मध्या वासकसज्जास)

सुभग बिछाई पलँगिया, अंग सिंगार।

चितवत चौंकि तरुनिया, दै दृग द्वार।।73।।

(प्रौढ़ा वासकसज्जास)

हँसि हँसि हेरि अरसिया, सहज सिंगार।

उतरत चढ़त नवेलिया, तिय कै बार।।74।।

(परकीया वासकसज्जा,)

सोवत सब गुरू लोगवा, जानेउ बाल।

दीन्हेबसि खोलि खिरकिया, उठि कै हाल।।75।।

(सामान्याह वासकसज्जा,)

कीन्हेमसि सबै सिंगरवा, चातुर बाल।

ऐहै प्रानपिअरवा, लै मनिमाल।।76।।

(मुग्धाय स्वांधीनपतिका)

आपुहि देत जवकवा, गहि गहि पाय।

आपु देत मोहि पियवा, पान खवाय।।77।।

(मध्यो स्वांधीनपतिका)

प्रीतम करत पियरवा, कहल न जात।
रहत गढ़ावत सोनवा, इहै सिरात।।78।।

(प्रौढ़ा स्वााधीनपतिका)

मैं अरु मोर पियरवा, जस जल मीन।
बिछुरत तजत परनवा, रहत अधीन।।79।।

(परकीया स्वााधीनपतिका)

भो जुग नैन चकोरवा, पिय मुख चंद।
जानत है तिय अपुनै, मोहि सुखकंद।।80।।

(सामान्या स्वधीनपतिका)

लै हीरन के हरवा, मानिकमाल।
मोहि रहत पहिरावत, बस वै लाल।।81।।

(मुग्धाह अभिसारिका)

चलीं लिवाइ नवेलिअहि, सखि सब संग।
जस हुलसत गा गोदवा, मत्तस मतंग।।82।।

(मध्याग अभिसारिका)

पहिरे लाल अछुअवा, तिय–गज पाय।
चढ़े नेह–हथिअवहा, हुलसत जाय।।83।।

(प्रौढ़ा अभिसारिका)

चली रैनि अँधिअरिया, साहस गाधढि।
पायन केर कँगनिया, डारेसि काढि।।84।।

(परकीया कृष्णा,भिसारिका)

नील मनिन के हरवा, नील सिंगार।
किए रैनि अँधिअरिया, धनि अभिसार।।85।।

(शुक्लाँभिसारिका)

सेत कुसुम कै हरवा भूषन सेत।
चली रैनि उँजिअरिया, पिय के हेत।।86।।

(दिवाभिसारिका)

पहिरि बसन जरतरिया, पिय के होत।
चली जेठ दुपहरिया, मिलि रवि जोत।।87।।

(गणिका अभिसारिका)

धन हित कीन्हि सिंगरवा, चातुर बाल।
चली संग लै चेरिया, जहवाँ लाल।।88।।

(मुग्धा प्रवत्य्व त्पतिका)

परिगा कानन सखिया पिय कै गौन।
बैठी कनक पलँगिया, वै कै मौन।।89।।

(मध्याप प्रवत्य्व त्पतिका)

सुठि सुकुमार तरुयिका, सुनि पिय–गौन।
लाजनि पौढि ओबरिया, वै कै मौन।।90।।

(प्रौढ़ा प्रवत्य्बरित्पतिका)

बन धन फूलहि टेसुआ, बगिअनि बेलि।
चलेउ बिदेस पियरवा फगुआ खेलि।।91।।

(परकीया प्रवत्यग त्पतिका)

मितवा चलेउ बिदेसवा मन अनुरागि।

पिय की सुरत गगरिया, रहि मग लागि।।92।।

(गणिका प्रवत्य् मत्पतिका)

पीतम इक सुमिरिनिया, मुहि देइ जाहु।

जेहि जप तोर बिरहवा, करब निबाहु।।93।।

गुग्धार आगतपतिका)

बहुत दिवस पर पियवा, आयेउ आज।

पुलकित नवल दुलहिवा, कर गृह–काज।।94।।

(मध्याल आगतपतिका)

पियवा आय दुअरवा, उठि किन देख।

दुरलभ पाय बिदेसिया,मुद अवरेख।।95।।

(प्रौढ़ा आगतपतिका)

आवत सुनत तिरियवा, उठि हरषाइ।

तलफत मनहुँ मछरिया, जनु जल पाइ।।96।।

(परकीया आगतपतिका)

पूछन चली खबरिया, मितवा तीर।

हरखित अतिहि तिरियवा पहिरत चीर।।97।।

(गणिका आगतपतिका)

तौ लगि मिटिहि न मितवा, तन की पीर।

जौ लगि पहिर न हरवा, जटित सुहीर।।98।।

(नायक)

सुंदर चतुर धनिकवा, जाति के ऊँच।

केलि–कला परबिनवा, सील समूच।।99।।

(नायक भेद)

पति, उपपति, वैसिकवा, त्रिबिध बखान।

(पति लक्षण)

बिधि सो ब्याणह्यो गुरु जन पति सो जानि।।100।।

(पति)

लैकै सुघर खुपिया, पिय के साथ।

छइवै एक छतरिया, बरखत पाथ।।101।।

(अनुकूल)

करत न हिय अपरधवा, सपनेहुँ पीय।

मान करन की बेरिया, रहि गइ हीय।।102।।

(दक्षिण)

सौतिन करहि निहोरवा, हम कहँ देहु।

चुन चु चंपक चुरिया, उच से लेहु।।103।।

(शठ)

छूटेउ लाज डगरिया, औ कुल कानि।

करत जात अपरधवा, परि गइ बानि।।104।।

(धृष्टप)

जहवाँ जात रइनियाँ तहवाँ जाहु।
जोरि नयन निरलजवा, कत मुसुकाहु।।105।।

(उपपति)

झाँकि झरोखन गोरिया, अँखियन जोर।
फिरि चितवन चित मितवा, करत निहोर।।106।।

(वचन–चतुर)

सघन कुंज अमरैया, सीतल छाँह।
झगरत आय कोइलिया, पुनि उड़ि जाह।।107।।

(क्रिया–चतुर)

खेलत जानेसि टोलवा, नंदकिसोर।
हुइ वृषभानु कुँअरिया, होगा चोर।।108।।

(वैशिक)

जनु अति नील अलकिया बनसी लाय।
भो मन बारबधुअवा, तीय बझाय।।109।।

(प्रोषित नायक)

करबौं ऊँच अटरिया, तिय सँग केलि।
कबधौं, पहिरि गजरवा, हार चमेलि।।110।।

(मानी)

अब भरि जनम सहेलिया, तकब न ओहि।
ऐंठलि गइ अभिमनिया, तजि कै मोहि।।111।।

(स्वप्न,दर्शन)

पीतम मिलेउ सपनवाँ भइ सुख–खानि।
आनि जगाएसि चेरिया, भइ दुखदानि।।112।।

(चित्र दर्शन)

पिय मूरति चितसरिया, चितवन बाल।
सुमिरत अवधि बसरवा, जपि जपि माल।।113।।

(श्रवण)

आयेउ मीत बिदेसिया, सुन सखि तोर।
उठि किन करसि सिंगरवा, सुनि सिख मोर।।114।।

(साक्षात दर्शन)

बिरहिनि अवर बिदेसिया, भै इक ठोर।
पिय–मुख तकत तिरियवा, चंद चकोर।।115।।

(मंडन)

सखियन कीन्ह सिंगरवा रचि बहु भाँति।
हेरति नैन अरसिया, मुरि मुसुकाति।।116।।

(शिक्षा)

छाकहु बैठ दुअरिया मीजहु पाय।
पिय तन पेखि गरमिया, बिजन डोलाय।।117।।

(उपालंभ)

चुप होइ रहेउ सँदेसवा, सुनि मुसुकाय।

पिय निज कर बिछवनवा, दीन्हम उठाय।।118।।

(परिहास)

बिहँसति भौहँ चढ़ाये, धुनष मनीय।

लावत उर अबलनिया, उठि उठि पीय।।119।।

7

रहीम ग्रंथावली

तैं रहीम मन आपुनो, कीन्हों चारु चकोर ।

निसि बासर लागो रहै, कृष्णचंद्र की ओर ।।1।।

**

अच्युत–चरण–तरंगिणी, शिव–सिर–मालति–माल ।

हरि न बनायो सुरसरी, कीजो इंदव–भाल ।।2।।

**

अधम वचन काको फल्यो, बैठि ताड़ की छाँह ।

रहिमन काम न आय है, ये नीरस जग माँह ।।3।।

**

अन्तर दाव लगी रहै, धुआँ न प्रगटै सोइ ।

कै जिय आपन जानहीं, कै जिहि बीती होइ ।।4।।

**

अनकीन्हीं बातैं करै, सोवत जागे जोय ।

ताहि सिखाय जगायबो, रहिमन उचित न होय ।।5।।

**

अनुचित उचित रहीम लघु, करहिं बड़ेन के जोर ।

ज्यों ससि के संजोग तें, पचवत आगि चकोर ।।6।।

**

अनुचित वचन न मानिए जदपि गुराइसु गाढ़ि ।

है रहीम रघुनाथ तें, सुजस भरत को बाढ़ि ।।7।।

**

अब रहीम चुप करि रहउ, समुझि दिनन कर फेर ।

जब दिन नीके आइ हैं बनत न लगि है देर ।।8।।

**

अब रहीम मुश्किल पड़ी, गाढ़े दोऊ काम।

साँचे से तो जग नहीं, झूठे मिलैं न राम ।।9।।

**

अमर बेलि बिनु मूल की, प्रतिपालत है ताहि ।

रहिमन ऐसे प्रभुहिं तजि, खोजत फिरिए काहि ।।10।।

**

अमृत ऐसे वचन में, रहिमन रिस की गाँस ।

जैसे मिसिरिहु में मिली, निरस बाँस की फाँस ।।11।।

**

अरज गरज मानैं नहीं, रहिमन ए जन चारि ।

रिनिया, राजा, माँगता, काम आतुरी नारि ।।12।।

**

असमय परे रहीम कहि, माँगि जात तजि लाज ।

ज्यों लछमन माँगन गये, पारासर के नाज ।।13।।

**

आदर घटे नरेस ढिंग, बसे रहे कछु नाहिं ।

जो रहीम कोटिन मिले, धिग जीवन जग माहिं ।।14।।

**

आप न काहू काम के, डार पात फल फूल ।

औरन को रोकत फिरैं, रहिमन पेड़ बबूल ।।15।।

**

आवत काज रहीम कहि, गाढ़े बंधु सनेह ।

जीरन होत न पेड़ ज्यौं, थामे बरै बरेह ।।16।।

**

उरग, तुरंग, नारी, नृपति, नीच जाति, हथियार ।

रहिमन इन्हें सँभारिए, पलटत लगै न बार ।।17।।

**

ऊगत जाही किरन सों अथवत ताही कॉति ।

त्यौं रहीम सुख दुख सवै, बढ़त एक ही भाँति ।।18।।

**

एक उदर दो चोंच है, पंछी एक कुरंड ।

कहि रहीम कैसे जिए, जुदे जुदे दो पिंड ।।19।।

**

एकै साधे सब सधै, सब साधे सब जाय ।

रहिमन मूलहिं सींचिबो, फूलै फलै अघाय ।।20।।

**

ए रहीम दर दर फिरहिं, माँगि मधुकरी खाहिं ।

यारो यारी छोड़िये वे रहीम अब नाहिं ।।21।।

**

ओछो काम बड़े करैं तौ न बड़ाई होय ।

ज्यों रहीम हनुमंत को, गिरधर कहै न कोय ।।22।।

**

अंजन दियो तो किरकिरी, सुरमा दियो न जाय ।

जिन आँखिन सों हरि लख्यो, रहिमन बलि बलि जाय ।।23।।

**

अंड न बौड़ रहीम कहि, देखि सचिक्कन पान ।

हस्ती–ढक्का, कुल्हड़िन, सहैं ते तरुवर आन ।।24।।

**

कदली, सीप, भुजंग–मुख, स्वाति एक गुन तीन ।

जैसी संगति बैठिए, तैसोई फल दीन ।।25।।

**

कमला थिर न रहीम कहि, यह जानत सब कोय ।

पुरुष पुरातन की बधू, क्यों न चंचला होय ।।26।।

**

कमला थिर न रहीम कहि, लखत अधम जे कोय ।

प्रभु की सो अपनी कहै, क्यों न फजीहत होय ।।27।।

**

करत निपुनई गुन बिना, रहिमन निपुन हजूर ।

मानहु टेरत बिटप चढ़ि मोहि समान को कूर ।।28।।

**

करम हीन रहिमन लखो, धँसो बड़े घर चोर ।

चिंतत ही बड़ लाभ के, जागत वै गौ भोर ।।29।।

**

कहि रहीम इक दीप तें, प्रगट सबै दुति होय ।

तन सनेह कैसे दुरै, दृग दीपक जरु दोय ।।30।।

**

कहि रहीम धन बढ़ि घटे, जात धनिन की बात ।
घटै बढ़ै उनको कहा, घास बेंचि जे खात ।।31।।

**

कहि रहीम य जगत तैं, प्रीति गई दै टेर ।
रहि रहीम नर नीच में, स्वारथ स्वारथ हेर ।।32।।

**

कहि रहीम संपति सगे, बनत बहुत बहु रीत ।
बिपति कसौटी जे कसे, ते ही साँचे मीत ।।33।।

**

कहु रहीम केतिक रही, केतिक गई बिहाय ।
माया ममता मोह परि, अंत चले पछिताय।।34।।

**

कहु रहीम कैसे निभै, बेर केर को संग ।
वे डोलत रस आपने, उनके फाटत अंग ।।35।।

**

कहु रहीम कैसे बनै, अनहोनी वै जाय ।
मिला रहै औ ना मिलै, तासों कहा बसाय ।।36।।

**

कागद को सो पूतरा, सहजहि मैं घुलि जाय ।
रहिमन यह अचरज लखो, सोऊ खैंचत बाय ।।37।।

**

काज परै कछु और है, काज सरै कछु और ।
रहिमन भँवरी के भए नदी सिरावत मौर ।।38।।

**

काम न काहू आवई, मोल रहीम न लेई ।
बाजू टूटे बाज को, साहब चारा देई ।।39।।

**

कहा करौं बैकुंठ लै, कल्प बृच्छ की छाँह ।
रहिमन दाख सुहावनो, जो गल पीतम बाँह ।।40।।

**

काह कामरी पामरी, जाड़ गए से काज ।
रहिमन भूख बुताइए, कैस्यो मिलै अनाज ।।41।।

**

कुटिलन संग रहीम कहि, साधू बचते नाहिं ।
ज्यों नैना सैना करें, उरज उमेठे जाहिं ।।42।।

**

कैसे निबहैं निबल जन, करि सबलन सों गैर ।

रहिमन बसि सागर बिषे, करत मगर सों वैर ।।43।।

**

कोउ रहीम जनि काहु के, द्वार गये पछिताय ।

संपति के सब जात हैं, विपति सबै लै जाय ।।44।।

**

कौन बड़ाई जलधि मिलि, गंग नाम भो धीम ।

केहि की प्रभुता नहिं घटी, पर घर गये रहीम ।।45।।

**

खरच बढ्यो, उद्यम घट्यो, नृपति निठुर मन कीन ।

कहु रहीम कैसे जिए, थोरे जल की मीन ।।46।।

**

खीरा सिर तें काटिए, मलियत नमक बनाय ।

रहिमन करुए मुखन को, चहिअत इहै सजाय ।।47।।

**

खैंचि चढ़नि, ढीली ढरनि, कहहु कौन यह प्रीति ।

आज काल मोहन गही, बंस दिया की रीति ।।48।।

**

खैर, खून, खाँसी, खुसी, बैर, प्रीति, मदपान ।

रहिमन दाबे ना दबैं, जानत सकल जहान ।।49।।

**

गरज आपनी आपसों, रहिमन कही न जाय ।

जैसे कुल की कुलबधू, पर घर जाय लजाय ।।50।।

**

गहि सरनागति राम की, भवसागर की नाव ।

रहिमन जगत उधार कर, और न कछू उपाव।।51।।

**

गुन ते लेत रहीम जन, सलिल कूप ते काढ़ि ।

कूपहु ते कहुँ होत है, मन काहू को बाढ़ि ।।52।।

**

गुरुता फबै रहीम कहि, फबि आई है जाहि ।

उर पर कुच नीके लगैं, अनत बतोरी आहि ।।53।।

**

चरन छुए मस्तक छुए, तेहु नहिं छाँड़ति पानि ।

हियो छुवत प्रभु छोड़ि दै, कहु रहीम का जानि ।।54।।

**

चारा प्यारा जगत में, छाला हित कर लेय ।

ज्यों रहीम आटा लगे, त्यों मृदंग स्वर देय ।।55।।

**

चाह गई चिंता मिटी, मनुआ बेपरवाह ।

जिनको कछू न चाहिए, वे साहन के साह ।।56।।

**

चित्रकूट में रमि रहे, रहिमन अवध–नरेस ।
जा पर बिपदा पड़त है, सो आवत यह देस ।।57।।

**

चिंता बुद्धि परेखिए, टोटे परख त्रियाहि ।
उसे कुबेला परखिए, ठाकुर गुनी किआहि ।।58।।

**

छिमा बड़न को चाहिए, छोटेन को उतपात ।
का रहिमन हरि को घट्यो, जो भृगु मारी लात ।।59।।

**

छोटेन सो सोहैं बड़े, कहि रहीम यह रेख ।
सहसन को हय बाँधियत, लै दमरी की मेख ।।60।।

**

जब लगि जीवन जगत में, सुख दुख मिलन अगोट ।
रहिमन फूटे गोट ज्यों, परत दुहुँन सिर चोट ।।61।।

**

जब लगि बित्त न आपुने, तब लगि मित्र न कोय ।
रहिमन अंबुज अंबु बिनु, रवि नाहिंन हित होय ।।62।।

**

ज्यों नाचत कठपूतरी, करम नचावत गात ।
अपने हाथ रहीम ज्यों, नहीं आपुने हाथ ।।63।।

**

जलहिं मिलाय रहीम ज्यों, कियो आपु सम छीर ।
अँगवहि आपुहि आप त्यों, सकल आँच की भीर ।।64।।

**

जहाँ गाँठ तहँ रस नहीं, यह रहीम जग जोय ।
मँड़ए तर की गाँठ में, गाँठ गाँठ रस होय ।।65।।

**

जानि अनीती जे करैं, जागत ही रह सोइ ।
ताहि सिखाइ जगाइबो, रहिमन उचित न होइ ।।66।।

**

जाल परे जल जात बहि, तजि मीनन को मोह ।
रहिमन मछरी नीर को, तऊ न छाँड़त छोह ।।67।।

**

जे गरीब पर हित करैं, ते रहीम बड़ लोग ।
कहाँ सुदामा बापुरो, कृष्ण मिताई जोग ।।68।।

**

जे रहीम बिधि बड़ किए, को कहि दूषन काढ़ि ।

चंद्र दूबरो कूबरो, तऊ नखत तें बाढि ।।69।।

**

जे सुलगे ते बुझि गए, बुझे ते सुलगे नाहिं ।

रहिमन दोहे प्रेम के, बुझि बुझि कै सुलगाहिं ।।70।।

**

जेहि अंचल दीपक दुर्यो, हन्यो सो ताही गात ।

रहिमन असमय के परे, मित्र शत्रु वै जात ।।71।।

**

जेहि रहीम तन मन लियो, कियो हिए बिच भौन ।

तासों दुख सुख कहन की, रही बात अब कौन ।।72।।

**

जैसी जाकी बुद्धि है, तैसी कहै बनाय ।

ताकों बुरा न मानिए, लेन कहाँ सो जाय ।।73।।

**

जसी परै सो सहि रहै, कहि रहीम यह देह ।

धरती पर ही परत है, शीत घाम औ मेह ।।74।।

**

जैसी तुम हमसों करी, करी करो जो तीर ।

बाढ़े दिन के मीत हौ, गाढ़े दिन रघुबीर ।।75।।

**

जो अनुचितकारी तिन्हैं, लगै अंक परिनाम ।

लखे उरज उर बेधियत, क्यों न होय मुख स्याम ।।76।।

**

जो घर ही में घुस रहे, कदली सुपत सुडील ।

तो रहीम तिनतें भले, पथ के अपत करील ।।77।।

**

जो पुरुषारथ ते कहूँ, संपति मिलत रहीम ।

पेट लागि वैराट घर, तपत रसोई भीम ।।78।।

**

जो बड़ेन को लघु कहें, नहिं रहीम घटि जाँहि ।

गिरधर मुरलीधर कहे, कछु दुख मानत नाहिं ।।79।।

**

जो मरजाद चली सदा, सोई तौ ठहराय ।

जो जल उमगै पारतें, सो रहीम बहि जाय ।।80।।

**

जो रहीम उत्तम प्रकृति, का करि सकत कुसंग।

चंदन विष व्यापत नहीं, लपटे रहत भुजंग ।।81।।

**

जो रहीम ओछो बढ़ै, तौ अति ही इतराय ।

प्यादे सों फरजी भयो, टेढ़ों टेढ़ो जाय ।।82।।

**

जो रहीम करिबो हुतो, ब्रज को इहै हवाल ।

तौ कहो कर पर धर्यो, गोवर्धन गोपाल ।।83।।

**

जो रहीम गति दीप की, कुल कपूत गति सोय ।

बारे उजियारो लगे, बढ़े अँधेरो होय ।।84।।

**

जो रहीम गति दीप की, सुत सपूत की सोय ।

बड़ो उजेरो तेहि रहे, गए अँधेरो होय ।।84।।

**

जो रहीम जग मारियो, नैन बान की चोट ।

भगत भगत कोउ बचि गये, चरन कमल की ओट ।।
86।।

**

जो रहीम दीपक दसा, तिय राखत पट ओट ।

समय परे ते होत है, वाही पट की चोट ।।87।।

**

जो रहीम पगतर परो, रगरि नाक अरु सीस ।

निठुरा आगे रायबो, आँस गारिबो खीस ।।88।।

**

जो रहीम तन हाथ है, मनसा कहुँ किन जाहिं ।

जल में जो छाया परी, काया भीजति नाहिं ।।89।।

**

जो रहीम भावी कतौं, होति आपुने हाथ ।

राम न जाते हरिन संग, सीय न रावन साथ ।।90।।

**

जो रहीम होती कहूँ, प्रभु–गति अपने हाथ ।

तौ कोधौं केहि मानतो, आप बड़ाई साथ ।।91।।

**

जो विषया संतन तजी, मूढ़ ताहि लपटाय ।

ज्यों नर डारत वमन कर, स्वान स्वाद सों खाय ।।92।।

**

टूटे सुजन मनाइए, जौ टूटे सौ बार ।

रहिमन फिरि फिरि पोहिए, टूटे मुक्ताहार ।।93।।

**

तन रहीम है कर्म बस, मन राखो ओहि ओर ।

जल में उलटी नाव ज्यों, खैंचत गुन के जोर ।।94।।

**

तब ही लौ जीबो भलो, दीबो होय न धीम ।

जग में रहिबो कुचित गति, उचित न होय रहीम ।।95।।

**

तरुवर फल नहिं खात हैं, सरबर पियहिं न पान ।
कहि रहीम पर काज हित, संपति सँचहि सुजान ।।96।।

**

तासों ही कछु पाइए, कीजै जाकी आस ।
रीते सरवर पर गये, कैसे बुझे पियास ।।97।।

**

तेहि प्रमान चलिबो भलो, जो सब हिद ठहराइ ।
उमड़ि चलै जल पार ते, जो रहीम बढ़ि जाइ ।।98।।

**

तैं रहीम अब कौन है, एती खैंचत बाय ।
खस कागद को पूतरा, नमी माँहि खुल जाय ।।99।।

**

थोथे बादर क्वाँर के, ज्यों रहीम घहरात ।
धनी पुरुष निर्धन भये, करै पाछिली बात ।।100।।

**

थोरो किए बड़ेन की, बड़ी बड़ाई होय ।
ज्यों रहीम हनुमंत को, गिरधर कहत न कोय ।।101।।

**

दादुर, मोर, किसान मन, लग्यो रहै घन माँहि ।
रहिमन चातक रटनि हूँ, सरवर को कोउ नाहिं ।।102।।

**

दिव्य दीनता के रसहिं, का जाने जग अंधु।
भली बिचारी दीनता, दीनबन्धु से बन्धु ।।103।।

**

दीन सबन को लखत है, दीनहिं लखै न कोय ।
जो रहीम दीनहिं लखै, दीनबंधु सम होय ।।104।।

**

दीरघ दोहा अरथ के, आखर थोरे आहिं ।
ज्यों रहीम नट कुण्डली, सिमिटि कूदि चढ़ि जाहिं ।।105।।

**

दुख नर सुनि हाँसी करै, धरत रहीम न धीर ।
कही सुनै सुनि सुनि करै, ऐसे वे रघुबीर ।।106।।

**

दुरदिन परे रहीम कहि, दुरथल जैयत भागि ।
ठाढ़े हूजत घूर पर, जब घर लागत आगि ।।107।।

**

दुरदिन परे रहीम कहि, भूलत सब पहिचानि ।

सोच नहीं वित हानि को, जो न होय हित हानि ।।108।।

**

देनहार कोउ और है, भेजत सो दिन रैन ।

लोग भरम हम पै धरें, याते नीचे नैन ।।109।।

**

दोनों रहिमन एक से, जौ लौं बोलत नाहिं ।

जान परत हैं काक पिक, ऋतु बसंत के माँहिं ।।110।।

**

धन थोरो इज्जत बड़ी, कह रहीम का बात ।

जैसे कुल की कुलबधू, चिथड़न माँह समात ।।111।।

**

धन दारा अरु सुतन सों, लगो रहे नित चित्त ।

नहिं रहीम कोउ लख्यो, गाढ़े दिन को मित्त ।।112।।

**

धनि रहीम जल पंक को लघु जिय पिअत अघाय ।

उदधि बड़ाई कौन हे, जगत पिआसो जाय ।।114।।

**

धरती की सी रीत है, सीत घाम औ मेह ।

जैसी परे सो सहि रहै, त्यों रहीम यह देह ।।115।।

**

धूर धरत नित सीस पै, कहु रहीम केहि काज ।

जेहि रज मुनिपत्नी तरी, सो ढूँढ़त गजराज ।।116।।

**

नहिं रहीम कछु रूप गुन, नहिं मृगया अनुराग ।

देसी स्वान जो राखिए, भ्रमत भूख ही लाग ।।117।।

**

नात नेह दूरी भली, लो रहीम जिय जानि ।

निकट निरादर होत है, ज्यों गड़ही को पानि ।।118।।

**

नाद रीझि तन देत मृग, नर धन हेत समेत।

ते रहीम पशु से अधिक, रीझेहु कछू न देत ।।119।।

**

निज कर क्रिया रहीम कहि, सुधि भाव के हाथ ।

पाँसे अपने हाथ में, दॉव न अपने हाथ ।।120।।

**

नैन सलोने अधर मधु, कहि रहीम घटि कौन ।

मीठो भावै लोन पर, अरु मीठे पर लौन ।।121।।

**

पन्नग बेलि पतिव्रता, रति सम सुनो सुजान ।

हिम रहीम बेली दही, सत जोजन दहियान ।।122।।

**

परि रहिबो मरिबो भलो, सहिबो कठिन कलेस ।

बामन है बलि को छल्यो, भलो दियो उपदेस ।।123।।

**

पसरि पत्र झँपहि पितहिं, सकुचि देत ससि सीत ।

कहु रहीम कुल कमल के, को बैरी को मीत ।।124।।

**

पात पात को सींचिबो, बरी बरी को लौन ।

रहिमन ऐसी बुद्धि को, कहो बरैगो कौन ।।125।।

**

पावस देखि रहीम मन, कोइल साधे मौन ।

अब दादुर बक्ता भए, हमको पूछत कौन ।।126।।

**

पिय बियोग तें दुसह दुख, सूने दुख ते अंत ।

होत अंत ते फिर मिलन, तोरि सिधाए कंत ।।127।।

**

पुरुष पूजें देवरा, तिय पूजें रघुनाथ ।

कहँ रहीम दोउन बनै, पँड़ो बैल को साथ ।।128।।

**

प्रीतम छबि नैनन बसी, पर छवि कहाँ समाय ।

भरी सराय रहीम लखि, पथिक आप फिर जाय ।।129।।

**

प्रेम पंथ ऐसो कठिन, सब कोउ निबहत नाहिं ।

रहिमन मैन–तुरंग चढ़ि, चलिबो पाठक माहिं ।।130।।

**

फरजी सह न ह्य सकै, गति टेढ़ी तासीर ।

रहिमन सीधे चालसों, प्यादो होत वजीर ।।131।।

**

बड़ माया को दोष यह, जो कबहूँ घटि जाय ।

तो रहीम मरिबो भलो, दुख सहि जिय बलाय ।।132।।

**

बड़े दीन को दुख सुनो, लेत दया उर आनि ।

हरि हाथी सो कब हुतो, कहु रहीम पहिचानि ।।133।।

**

बड़े पेट के भरन को, है रहीम दुख बाढ़ि ।

यातें हाथी हरि कै, दयो दाँत द्वै काढ़ि ।।134।।

**

बड़े बड़ाई नहिं तजैं, लघु रहीम इतराइ ।

राइ करौंदा होत है, कटहर होत न राइ ।।135।।

**

बड़े बड़ाई ना करैं, बड़ो न बोलैं बोल ।

रहिमन हीरा कब कहै, लाख टका मेरो मोल ।।1361।

**

बढ़त रहीम धनाढ्य धन, धनौ धनी को जाइ ।

घटै बढ़ै बाको कहा, भीख माँगि जो खाइ ।।137।।

**

बसि कुसंग चाहत कुसल, यह रहीम जिय सोस ।

महिमा घटी समुद्र की, रावन बस्यो परोस ।।138।।

**

बाँकी चितवन चित चढ़ी, सूधी तौ कछु धीम ।

गाँसी ते बढ़ि होत दुख, काढ़ि न कढ़त रहीम ।।139।।

**

बिगरी बात बनै नहीं, लाख करौ किन कोय ।

रहिमन फाटे दूध को, मथे न माखन होय ।।140।।

**

बिपति भए धन ना रहे, रहे जो लाख करोर ।

नभ तारे छिपि जात हैं, ज्यों रहीम भए भोर ।।141।।

**

भजौं तो काको मैं भजौं, तजौं तो काको आन ।

भजन तजन ते बिलग हैं, तेहि रहीम तू जान ।।142।।

**

भलो भयो घर ते छुट्यो, हँस्यो सीस परिखेत ।

काके काके नवत हम, अपन पेट के हेत ।।143।।

**

भार झोंकि के भार में, रहिमन उतरे पार ।

पै बूड़े मझधार में, जिनके सिर पर भार ।।144।।

**

भावी काहू ना दही, भावी दह भगवान ।

भावी ऐसी प्रबल है, कहि रहीम यह जान ।।145।।

**

भावी या उनमान को, पांडव बनहि रहीम ।

जदपि गौरि सुनि बाँझ है, बरु है संभु अजीम ।।146।।

**

भीत गिरी पाखान की, अररानी वहि ठाम ।

अब रहीम धोखो यहै, को लागै केहि काम ।।147।।

**

भूप गनत लघु गुनिन को, गुनी गनत लघु भूप ।
रहिमन गिर तें भूमि लौं, लखों तो एकै रूप ।।148।।

**

मथत मथत माखन रहै, दही मही बिलगाय ।
रहिमन सोई मीत है, भीर परे ठहराय ।।149।।

**

मनिसिज माली की उपज, कहि रहीम नहिं जाय ।
फल श्यामा के उर लगे, फूल श्याम उर आय ।।150।।

**

मन से कहाँ रहिम प्रभु, दृग सो कहाँ दिवान ।
देखि दृगन जो आदरै, मन तेहि हाथ बिकान ।।151।।

**

मंदन के मरिहू गये, औगुन गुन न सिराहिं ।
ज्यों रहीम बाँधहु बँधे, मराह वै अधिकाहिं ।।1521।

**

मनि मनिक महँगे किये, ससतो तृन जल नाज ।
याही ते हम जानियत, राम गरीब निवाज ।।153।।

**

महि नभ सर पंजर कियो, रहिमन बल अवसेष ।

सो अर्जुन बैराट घर, रहे नारि के भेष ।।154।।

**

माँगे घटत रहीम पद, कितौ करौ बढ़ि काम ।

तीन पैग बसुधा करो, तऊ बावनै नाम ।।155।।

**

माँगे मुकरि न को गयो, केहि न त्यागियो साथ ।

माँगत आगे सुख लह्यो, ते रहीम रघुनाथ ।।156।।

**

मान सरोवर ही मिले, हंसनि मुक्ता भोग ।

सफरिन भरे रहीम सर, बक–बालकनहिं जोग ।।157।।

**

मान सहित विष खाय के, संभु भये जगदीस।

बिना मान अमृत पिये, राहु कटायो सीस ।।158।।

**

माह मास लहि टेसुआ, मीन परे थल और ।

त्यों रहीम जग जानिये, छुटे आपुने ठौर ।।159।।

**

मीन कटि जल धोइये, खाये अधिक पियास ।

रहिमन प्रीति सराहिये, मुयेउ मीन कै आस ।।160।।

**

मुकता कर करपूर कर, चातक जीवन जोय ।

एतो बड़ो रहीम जल, ब्याल बदन विष होय ।।161।।

**

मुनि नारी पाषान ही, कपि पसु गुह मातंग ।

तीनों तारे राम जू, तीनों मेरे अंग ।।162।।

**

मूढ़ मंडली में सुजन, ठहरत नहीं बिसेषि ।

स्याम कचन में सेत ज्यों, दूरि कीजिअत देखि ।।163।।

**

यह न रहीम सराहिये, देन लेन की प्रीति ।

प्रानन बाजी राखिये, हारि होय कै जीति ।।165।।

**

यह रहीम निज संग लै, जनमत जगत न कोय ।

बैर, प्रीति, अभ्यास, जस, होत होत ही होय ।।166।।

**

यह रहीम मानै नहीं, दिल से नवा जो होय ।

चीता, चोर, कमान के, नये ते अवगुन होय ।।167।।

**

याते जान्ध्यो मन भयो, जरि बरि भस्म बनाय ।

रहिमन जाहि लगाइये, सो रूखो वै जाय ।।168।।

**

ये रहीम फीके दुवौ, जानि महा संतापु ।

ज्यों तिय कुच आपुन गहे, आप बड़ाई आपु ।।169।।

**

ये रहीम दर–दर फिरै, माँगि मधुकरी खाहिं ।

यारो यारी छाँडि देउ, वे रहीम अब नाहिं ।।170।।

**

यों रहीम गति बड़ेन की, ज्यों तुरंग व्यवहार ।

दाग दिवावत आपु तन, सही होत असवार ।।171।।

**

यों रहीम तन हाट में, मनुआ गयो बिकाय ।

ज्यों जल में छाया परे, काया भीतर नॉय ।।172।।

**

यों रहीम सुख दुख सहत, बड़े लोग सह साँति ।

उवत चंद जेहि भाँति सो, अथवत ताही भाँति ।।173।।

**

रन, बन, ब्याधि, विपत्ति में, रहिमन मरै न रोय ।

जो रच्छक जननी जठर, सो हरि गये कि सोय ।।174।।

**

रहिमन अती न कीजिये, गहि रहिये निज कानि ।
सैजन अति फूले तऊ डार पात की हानि ।।175।।

**

रहिमन अपने गोत को, सबै चहत उत्साह ।
मृग उछरत आकाश को, भूमी खनत बराह ।।176।।

**

रहिमन अपने पेट सौ, बहुत कह्यो समुझाय ।
जो तू अन खाये रहे, तासों को अनखाय ।।177।।

**

रहिमन अब वे बिरछ कहँ, जिनकी छॉह गंभीर।
बागन बिच बिच देखिअत, सेंहुड़, कुंज, करीर ।।178।।

**

रहिमन असमय के परे, हित अनहित वै जाय ।
बधिक बधै मृग बानसों, रुधिरे देत बताय ।।179।।

**

रहिमन अँसुआ नैन ढरि, जिय दुख प्रगट करेइ ।
जाहि निकारो गेह ते, कस न भेद कहि देइ ।।180।।

**

रहिमन आँटा के लगे, बाजत है दिन राति ।

घिउ शक्कर जे खात हैं, तिनकी कहा बिसाति ।।181।।

**

रहिमन उजली प्रकृत को, नहीं नीच को संग ।

करिया बासन कर गहे, कालिख लागत अंग ।।182।।

**

रहिमन एक दिन वे रहे, बीच न सोहत हार ।

वायु जो ऐसी बह गई, वीचन परे पहार ।।183।।

**

रहिमन ओछे नरन सों, बैर भलो ना प्रीति ।

काटे चाटै स्वान के, दोऊ भाँति विपरीति ।।184।।

**

रहिमन कठिन चितान ते, चिंता को चित चेत ।

चिता दहति निर्जीव को, चिंता जीव समेत ।।185।।

**

रहिमन कबहुँ बड़ेन के, नाहिं गर्व को लेस ।

भार धरैं संसार को, तऊ कहावत सेस ।।186।।

**

रहिमन करि सम बल नहीं, मानत प्रभु की धाक ।

दाँत दिखावत दीन वै, चलत घिसावत नाक ।।187।।

**

रहिमन कहत सुपेट सों, क्यों न भयो तू पीठ ।
रहते अनरीते करै, भरे बिगारत दीठ ।।188।।

**

रहिमन कुटिल कुठार ज्यों, करत डारत द्वै टूक ।
चतुरन के कसकत रहे, समय चूक की हूक ।।189।।

**

रहिमन को कोउ का करै, ज्वारी, चोर, लबार ।
जो पति–राखनहार हैं, माखन–चाखनहार।।190।।

**

रहिमन खोजे ऊख में, जहाँ रसन की खानि ।
जहाँ गाॅठ तहँ रस नहीं, यही प्रीति में हानि ।।191।।

**

रहिमन खोटी आदि की, सो परिनाम लखाय ।
जैसे दीपक तम भखै, कज्जल वमन कराय ।।192।।

**

रहिमन गली है साँकरी, दूजो ना ठहराहिं ।
आपु अहै तो हरि नहीं, हरि तो आपुन नाहिं ।।192।।

**

रहिमन घरिया रहँट की, त्यों ओछे की डीठ ।

रीतिहि सनमुख होत है, भरी दिखावै पीठ ।।194।।

**

रहिमन चाक कुम्हार को, माँगे दिया न देइ ।

छेद में डंडा डारि कै, चहै नॉद लै लेइ ।।195।।

**

रहिमन छोटे नरन सो, होत बड़ो नहीं काम ।

मढ़ो दमामो ना बने, सौ चूहे के चाम ।।196।।

**

रहिमन जगत बड़ाई की, कूकुर की पहिचानि ।

प्रीति करै मुख चाटई, बैर करे तन हानि ।।197।।

**

रहिमन जग जीवन बड़े, काहु न देखे नैन ।

जाय दशानन अछत ही, कपि लागे गथ लेन ।।198।।

**

रहिमन जाके बाप को, पानी पिअत न कोय ।

ताकी गैल आकाश लौं, क्यो न कालिमा होय ।।199।।

**

रहिमन जा डर निसि परै, ता दिन डर सिय कोय ।

पल पल करके लागते, देखु कहाँ धौं होय ।।200।।

**

रहिमन जिह्वा बावरी, कहि गइ सरग पताल ।
आपु तो कहि भीतर रही, जूती खात कपाल ।।201।।

**

रहिमन जो तुम कहत थे, संगति ही गुन होय ।
बीच उखारी रमसरा, रस काहे ना होय ।।202।।

**

रहिमन जो रहिबो चहै, कहै वाहि के दाँव ।
जो बासर को निस कहै, तौ कचपची दिखाव ।।203।।

**

रहिमन ठहरी धूरि की, रही पवन ते पूरि ।
गाँठ युक्ति की खुलि गई, अंत धूरि को धूरि ।।204।।

**

रहिमन तब लगि ठहरिए, दान मान सनमान ।
घटत मान देखिय जबहिं, तुरतहि करिय पयान ।।205।।

**

रहिमन तीन प्रकार ते, हित अनहित पहिचानि ।
पर बस परे, परोस बस, परे मामिला जानि ।। 206।।

**

रहिमन तीर की चोट ते, चोट परे बचि जाय ।

नैन बान की चोट ते, चोट परे मरि जाय ।।207।।

**

रहिमन थोरे दिनन को, कौन करे मुँह स्याह ।

नहीं छलन को परतिया, नहीं करन को ब्याह ।।208।।

**

रहिमन दानि दरिद्र तर, तऊ जाँचबे योग ।

ज्यों सरितन सूखा परे, कुआँ खनावत लोग ।।209।।

**

रहिमन दुरदिन के परे, बड़ेन किए घटि काज ।

पाँच रूप पांडव भए, रथवाहक नल राज ।।210।।

**

रहिमन देखि बड़ेन को, लघु न दीजिए डारि ।

जहाँ काम आवे सुई, कहा करे तलवारि ।।211।।

**

रहिमन धागा प्रेम का, मत तोड़ो छिटकाय ।

टूटे से फिर ना मिले, मिले गाँठ परि जाय ।।212।।

**

रहिमन धोखे भाव से, मुख से निकसे राम ।

पावत पूरन परम गति, कामादिक को धाम ।।213।।

**

रहिमन निज मन की बिथा, मन ही राखो गोय ।
सुनि अठिलैहैं लोग सब, बाँटि न लैहैं कोय ।।214।।

**

रहिमन निज संपति बिना, कोउ न बिपति सहाय ।
बिनु पानी ज्यों जलज को, नहिं रवि सकै बचाय ।1215।।

**

रहिमन नीचन संग बसि, लगत कलंक न काहि ।
दूध कलारी कर गहे, मद समुझै सब ताहि ।।216।।

**

रहिमन नीच प्रसंग ते, नित प्रति लाभ विकार ।
नीर चोरावै संपुटी, मारु सहै घरिआर ।।217।।

**

रहिमन पर उपकार के, करत न यारी बीच ।
मांस दियो शिवि भूप ने, दीन्हों हाड़ दधीच ।।218।।

**

रहिमन पानी राखिये, बिनु पानी सब सून ।
पानी गए न ऊबरै, मोती, मानुष, चून ।।219।।

**

रहिमन प्रीति न कीजिए, जस खीरा ने कीन ।

ऊपर से तो दिल मिला, भीतर फाँकें तीन ।।220।।

**

रहिमन पेटे सों कहत, क्यों न भये तुम पीठि ।

भूखे मान बिगारहु, भरे बिगारहु दीठि ।।221।।

**

रहिमन पैंड़ा प्रेम को, निपट सिलसिली गैल ।

बिछलत पाँव पिपीलिका, लोग लदावत बैल ।।222।।

**

रहिमन प्रीति सराहिए, मिले होत रँग दून ।

ज्यों जरदी हरदी तजै, तजै सफेदी चून ।।223।।

**

रहिमन ब्याह बिआधि है, सकहु तो जाहु बचाय ।

पायन बेड़ी पड़त है, ढोल बजाय बजाय ।।224।।

**

रहिमन बहु भेषज करत, ब्याधि न छाँड़त साथ ।

खग मृग बसत अरोग बन, हरि अनाथ के नाथ ।।225।।

**

रहिमन बात अगम्य की, कहन सुनन को नाहिं ।

जे जानत ते कहत नाहिं, कहत ते जानत नाहिं ।।226।।

**

रहिमन बिगरी आदि की, बनै न खरचे दाम ।
हरि बाढ़े आकाश लौं, तऊ बावनै नाम ।।227।।

**

रहिमन भेषज के किए, काल जीति जो जात ।
बड़े बड़े समरथ भए, तौ न कोउ मरि जात ।।228।।

**

रहिमन मनहिं लगाइ के, देखि लेहु किन कोय ।
नर को बस करिबो कहा, नारायण बस होय ।।229।।

**

रहिमन मारग प्रेम को, मत मतिहीन मझाव ।
जो डिगिहै तो फिर कहूँ, नहिं धरने को पाँव।।230।।

**

रहिमन माँगत बड़ेन की, लघुता होत अनूप ।
बलि मख माँगत को गए, धरि बावन को रूप ।।231।।

**

रहिमन यहि न सराहिये, लैन दैन कै प्रीति ।
प्रानहिं बाजी राखिये, हारि होय कै जीति ।।232।।

**

रहिमन यहि संसार में, सब सौं मिलिये धाइ ।

ना जानैं केहि रूप में, नारायण मिलि जाइ ।।233।।

**

रहिमन याचकता गहे, बड़े छोट ह्वै जात ।

नारायन हू को भयो, बावन आँगुर गात ।।234।।

**

रहिमन या तन सूप है, लीजै जगत पछोर ।

हलुकन को उड़ि जान दै, गरुए राखि बटोर ।।235।।

**

रहिमन यों सुख होत है, बढ़त देखि निज गोत ।

ज्यों बड़री अँखियाँ निरखि, आँखिन को सुख होत ।।236।।

**

रहिमन रजनी ही भली, पिय सों होय मिलाप ।

खरो दिवस किहि काम को रहिबो आपुहि आप ।।237।।

**

रहिमन रहिबो वा भलो, जो लौं सील समूच ।

सील ढील जब देखिए, तुरत कीजिए कूच ।।238।।

**

रहिमन रहिला की भली, जो परसै चित लाय ।

परसत मन मैलो करे, सो मैदा जरि जाय ।।239।।

**

रहिमन राज सराहिए, ससिसम सूखद जो होय ।

कहा बापुरो भानु है, तपै तरैयन खोय ।।240।।

**

रहिमन राम न उर धरै, रहत विषय लपटाय ।

पसु खर खात सवादसों, गुर गुलियाए खाय ।।241।।

**

रहिमन रिस को छाँड़ि कै, करौ गरीबी भेस ।

मीठो बोलो नै चलो, सबै तुम्हारो देस ।1242।।

**

रहिमन रिस सहि तजत नहीं, बड़े प्रीति की पौरि ।

मूकन मारत आवई, नींद बिचारी दौरी ।।243।।

**

रहिमन रीति सराहिए, जो घट गुन सम होय ।

भीति आप पै डारि कै, सबै पियावै तोय ।।244।।

**

रहिमन लाख भली करो, अगुनी अगुन न जाय ।

राग सुनत पय पिअत हू, साँप सहज धरि खाय ।।245।।

**

रहिमन वहाँ न जाइये, जहाँ कपट को हेत ।

हम तन ढारत ढेकुली, सींचत अपनो खेत ।।2461।

**

रहिमन वित्त अधर्म को, जरत न लागै बार ।

चोरी करी होरी रची, भई तनिक में छार ।।247।।

**

रहिमन विद्या बुद्धि नहिं, नहीं धरम, जस, दान ।

भू पर जनम वृथा धरै, पसु बिनु पूँछ बिषान ।।248।।

**

रहिमन बिपदाहू भली, जो थोरे दिन होय ।

हित अनहित या जगत में, जानि परत सब कोय ।।249।।

**

रहिमन वे नर मर चुके, जे कहुँ माँगन जाहिं ।

उनते पहिले वे मुए, जिन मुख निकसत नाहिं ।।250।।

**

रहिमन सीधी चाल सों, प्यादा होत वजीर ।

फरजी साह न हुइ सकै, गति टेढ़ी तासीर ।।251।।

**

रहिमन सुधि सबतें भली, लगै जो बारंबार ।

बिछुरे मानुष फिरि मिलें, यहै जान अवतार ।।252।।

**

रहिमन सो न कछू गनै, जासों, लागे नैन ।

सहि के सोच बेसाहियो, गयो हाथ को चौन ।।253।।

**

राम नाम जान्यो नहीं, भइ पूजा में हानि ।

कहि रहीम क्यों मानिहैं, जम के किंकर कानि ।।254।।

**

राम नाम जान्यो नहीं, जान्यो सदा उपाधि ।

कहि रहीम तिहिं आपुनो, जनम गँवायो बादि ।।255।।

**

रीति प्रीति सब सों भली, बैर न हित मित गोत ।

रहिमन याही जनम की, बहुरि न संगति होत ।।256।।

**

रूप, कथा, पद, चारु, पट, कंचन, दोहा, लाल ।

ज्यों ज्यों निरखत सूक्ष्मगति, मोल रहीम बिसाल ।।257।।

**

रूप बिलोकि रहीम तहँ, जहँ जहँ मन लगि जाय ।

थाके ताकहिं आप बहु, लेत छौड़ाय छोड़ाय ।।258।।

**

रोल बिगाड़े राज नै, मोल बिगाड़े माल ।

सनै सनै सरदार की, चुगल बिगाड़े चाल ।।259।।

**

लालन मैन तुरंग चढ़ि, चलिबो पावक माँहिं ।
प्रेम–पंथ ऐसो कठिन, सब कोउ निबहत नाहिं ।।260।।

**

लिखी रहीम लिलार में, भई आन की आन ।
पद कर काटि बनारसी, पहुँचे मगरु स्थान ।।261।।

**

लोहे की न लोहार का, रहिमन कही विचार ।
जो हनि मारे सीस में, ताही की तलवार ।।262।।

**

बरु रहीम कानन भलो, बास करिय फल भोग ।
बंधु मध्य धनहीन वै बसिबो उचित न योग ।।263।।

**

बहै प्रीति नहिं रीति वह, नहीं पाछिलो हेत ।
घटत घटत रहिमन घटै, ज्यों कर लीन्हें रेत ।।264।।

**

बिधना यह जिय जानि कै, सेसहि दिये न कान ।
धरा मेरु सब डोलि हैं, तानसेन के तान ।।265।।

**

बिरह रूप धन तम भयो, अवधि आस उद्योत ।
ज्यों रहीम भादों निसा, चमकि जात खद्योत ।।266।।

**

वे रहीम नर धन्य हैं, पर उपकारी अंग ।
बाँटनेवारे को लगे, ज्यों मेंहदी को रंग ।।267।।

**

सदा नगारा कूच का, बाजत आठों जाम ।
रहिमन या जग आइ कै, को करि रहा मुकाम ।।268।।

**

सब को सब कोऊ करै, कै सलाम कै राम ।
हित रहीम तब जानिए, जब कछु अटकै काम ।।269।।

**

सबै कहावै लसकरी, सब लसकर कहँ जाय ।
रहिमन सेल्ह जोई सहै, सो जागीरैं खाय ।।270।।

**

समय दसा कुल देखि कै, सबै करत सनमान ।
रहिमन दीन अनाथ को, तुम बिन को भगवान ।।271।।

**

समय परे ओछे बचन, सब के सहै रहीम ।

सभा दुसासन पट गहे, गदा लिए रहे भीम ।।272।।

**

समय पाय फल होत है, समय पाय झरि जाय ।

सदा रहे नहिं एक सी, का रहीम पछिताय ।।273।।

**

समय लाभ सम लाभ नहिं, समय चूक सम चूक ।

चतुरन चित रहिमन लगी, समय चूक की हूक ।।274।।

**

सरवर के खग एक से, बाढ़त प्रीति न धीम ।

पै मराल को मानसर, एकै ठौर रहीम ।।275।।

**

सर सूखे पच्छी उड़ै, औरे सरन समाहिं ।

दीन मीन बिन पच्छ के, कहु रहीम कहँ जाहिं ।।276।।

**

स्वारथ रचन रहीम सब, औगुनहू जग माँहि ।

बड़े बड़े बैठे लखौ, पथ रथ कूबर छाँहि ।।277।।

**

स्वासह तुरिय उच्चरै, तिय है निहचल चित्त ।

पूत परा घर जानिए, रहिमन तीन पवित्त ।।278।।

**

साधु सराहै साधुता, जती जोखिता जान ।

रहिमन साँचौ सूर को, बैरी करै बखान ।।279।।

**

सौदा करो सो करि चलौ, रहिमन याही बाट ।

फिर सौदा पैहो नहीं, दूरी जान है बाट ।।280।।

**

संतत संपति जानि कै, सब को सब कुछ देत ।

दीनबंधु बिनु दीन की, को रहीम सुधि लेत ।।281।।

**

संपति भरम गँवाइ कै, हाथ रहत कछु नाहिं ।

ज्यों रहीम ससि रहत है, दिवस अकासहिं माहिं ।।282।।

**

ससि की सीतल चाँदनी, सुंदर, सबहिं सुहाय ।

लगे चोर चित में लटी, घटी रहीम मन आय ।।283।।

**

ससि, सुकेस, साहस, सलिल, मान सनेह रहीम ।

बढ़त बढ़त बढ़ि जात हैं, घटत घटत घटि सीम ।।284।।

**

सीत हरत, तम हरत नित, भुवन भरत नहिं चूक ।

रहिमन तेहि रबि को कहा, जो घटि लखै उलूक ।।285।।

**

हरि रहीम ऐसी करी, ज्यों कमान सर पूर ।

खैंचि अपनी ओर को, डारि दियो पुनि दूर ।।286।।

**

हरी हरी करुना करी, सुनी जो सब ना टेर ।

जब डग भरी उतावरी, हरी करी की बेर ।।287।।

**

हित रहीम इतऊ करै, जाकी जिती बिसात ।

नहिं यह रहै न वह रहै, रहै कहन को बात ।।288।।

**

होत कृपा जो बड़ेन की सो कदाचि घटि जाय ।

तौ रहीम मरिबो भलो, यह दुख सहो न जाय ।।289।।

**

होय न जाकी छाँह ढिग, फल रहीम अति दूर ।

बढ़िहू सो बिनु काज ही, जैसे तार खजूर ।।290।।

8
सोरठा

ओछे को सतसंग, रहिमन तजहु अँगार ज्यों ।
तातो जारै अंग, सीरो पै करो लगै ।।291।।

**

रहिमन कीन्हीं प्रीति, साहब को भावै नहीं ।
जिनके अगनित मीत, हमैं गीरबन को गनै ।।292।।

**

रहिमन जग की रीति, मैं देख्यो रस ऊख में ।
ताहू में परतीति, जहाँ गाँठ तहँ रस नहीं ।।293।।

**

जाके सिर अस भार, सो कस झोंकत भार अस ।
रहिमन उतरे पार, भार झोंकि सब भार में ।।294।।

**

रहिमन नीर पखान, बूड़ै पै सीझै नहीं ।

तैसे मूरख ज्ञान, बूझै पै सूझै नहीं ।।295।।

**

रहिमन बहरी बाज, गगन चढ़ै फिर क्यों तिरै ।

पेट अधम के काज, फेरि आय बंधन परै ।।296।।

**

रहिमन मोहि न सुहाय, अमी पिआवै मान बिनु ।

बरु विष देय, बुलाय, मान सहित मरिबो भलो ।।297।।

**

बिंदु मों सिंधु समान को अचरज कासों कहै ।

हेरनहार हेरान, रहिमन अपुने आप तें ।।298।।

**

चूल्हा दीन्हो बार, नात रह्यो सो जरि गयो ।

रहिमन उतरे पार, भर झोंकि सब भार में ।।299।।

**